KOCH GUT
DURCH DIE WOCHE

Einfache Rezepte

für jeden Tag

AGNES PRUS

KOCH GUT
DURCH DIE WOCHE

Einfache Rezepte

für jeden Tag

Hölker Verlag

INHALT

MONTAG

DIENSTAG

MITTWOCH

DONNERSTAG

WAS KOCHE ICH HEUTE?

VORWORT

Montag, Dienstag oder Feiertag, Sommer oder Winter, Single oder Großfamilie — eine Frage stellt sich mit ziemlicher Sicherheit jeden Tag aufs Neue: Was gibt's heute zu essen? Daher haben die meisten von uns eine Handvoll erprobter Gerichte, die sie durch die Woche begleiten: das schnelle Süppchen, der gemütliche Auflauf, das unkomplizierte Pfannengericht. Und wenn alle Stricke reißen, gibt's natürlich Pasta!

Was wir kochen, hängt zum größten Teil davon ab, wie viel Zeit, Zutaten und Muße wir zur Verfügung haben — und das ist jeden Tag ganz unterschiedlich. Da gibt es den Einkaufstag, an dem wir unseren Vorratsschrank füllen, aber wenig Zeit zum Kochen haben. Oder den Tag, an dem wir gefühlt rein gar nichts mehr im Haus haben und der kleine Hunger uns ganz plötzlich erwischt. Dann gibt es von Zeit zu Zeit die ganz entspannten Wochentage, an denen wir uns auf kulinarische Experimente oder aufwendigere Gerichte einlassen. Oder auch die ultramüden, an denen wir Wachmacher brauchen und es nicht zu kompliziert werden darf.

Für jede Stimmung und Vorratslage hält dieses Buch die passenden Rezepte bereit und gibt der Woche so neuen Schwung. Und wenn gar nichts mehr geht, bleiben immer noch die praktischen Notfallrezepte, mit denen jede Küchenkrise im Nu überwunden ist. Koch gut durch die Woche!

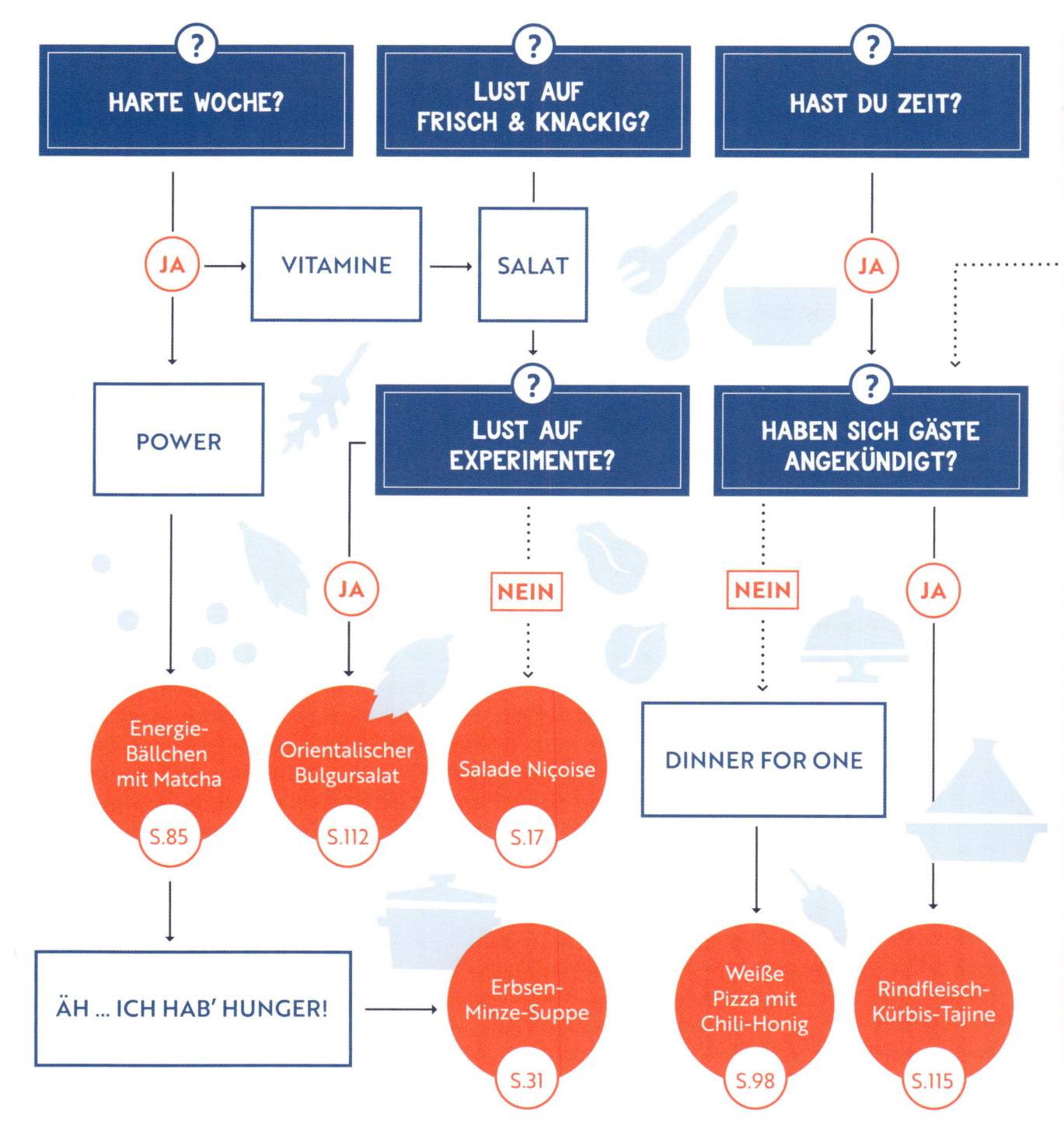

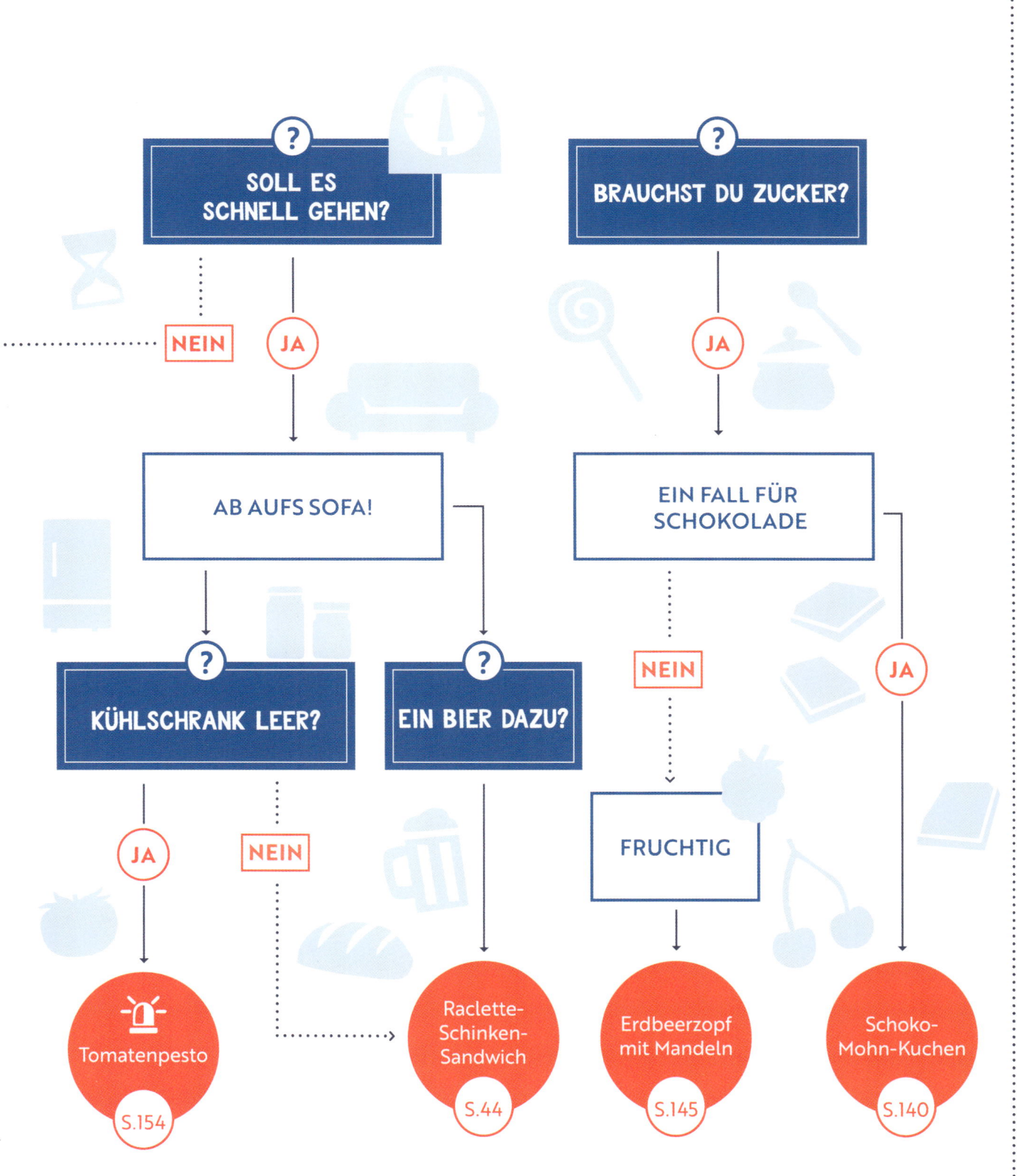

MONTAG

EINFACH GLÜCKLICH

Am Montag machen wir uns das Leben leicht! Wir überanstrengen weder die Auge-Hand-Koordination noch die Fähigkeit zum Zeitmanagement, sondern sorgen mit schnellem Seelenfutter für Glücksgefühle. Vielleicht sind noch ein paar Reste vom Wochenende übrig, die uns nun im Handumdrehen zu einer warmen Mahlzeit verhelfen. Denn ist der Anfang geschafft, fühlt man sich am nächsten Tag schon viel geschmeidiger, versprochen!

AVOCADO-DATTEL-SMOOTHIE

ZUBEREITUNG: 5 MIN.

FÜR 2 PORTIONEN

1 Avocado, geschält und entkernt
400 ml Milch (Kuh- oder Mandelmilch)
3 Medjoul-Datteln, halbiert und
    entkernt
1 EL Mandelmus
1 EL Limettensaft
½ TL Zimt
1 TL Rosenwasser nach Belieben
2 Prisen frisch geriebene Muskatnuss

Avocados sind an müden Tagen unsere besten Freunde: Die in ihnen enthaltene Vitaminmischung macht uns fit, Lezithin sorgt für Gelassenheit und das herrlich buttrige Fruchtfleisch hält lange satt. Genug Argumente, um den Tag mit diesem schnell gemachten Smoothie zu beginnen!

Das Avocadofruchtfleisch mit Milch, Datteln und Mandelmus cremig pürieren.

Anschließend Limettensaft, Zimt und nach Belieben Rosenwasser zugeben und den Smoothie erneut mixen. In hohe Gläser gießen, etwas Muskatnuss darüberreiben und sofort servieren.

SO SCHMECKT'S AUCH
Für eine Smoothie-Bowl den Smoothie in einen tiefen Teller gießen, mit frischem Obst garnieren und mit Knuspermüsli und vielleicht etwas gehackter Zartbitter-Schokolade (schließlich ist Montag ...) bestreuen.

TIPP

Falls keine Medjoul-Datteln erhältlich sind, können sie durch ca. 6 kleine Datteln (z. B. Deglet Nour) und 1 EL Honig ersetzt werden. Werden die Datten vorher in der Milch eingeweicht, lassen sie sich besser pürieren.

SOMMERSALAT MIT MELONE

ZUBEREITUNG: 20 MIN.

FÜR 4 PORTIONEN

Für den Salat

400 g Salatgurke, geschält und
    gewürfelt

Meersalz

500 g Wassermelone (Fruchtfleisch),
    gewürfelt

6 Radieschen, in Scheiben

½ Bd. Koriander, fein gehackt

3 Stängel Basilikum, Blättchen fein
    gehackt

3 Stängel Minze, Blättchen fein gehackt

4 Frühlingszwiebeln, in feinen Ringen

1 rote Chilischote, entkernt und in
    feinen Scheiben

40 g ungesalzene geröstete Erdnüsse,
    grob gehackt

Für das Dressing

5 EL Olivenöl

2 EL Reisessig

1 EL Honig

2 TL Matcha-Pulver

1 TL Sesamöl

1 TL Limettensaft

½ TL Meersalz

Frisch gemahlener schwarzer Pfeffer

Dieser frische Salat erweckt ermattete Montagsgeister wieder zu neuem Leben – nicht zuletzt dank des Matcha-Pulvers im Dressing. Es ist äußerst wirkungsvoll, wenn es um das Augen-Aufhalt-Vermögen geht und sorgt für das nötige Zen im Alltag.

Für den Salat die Gurkenwürfel in ein Sieb geben und salzen. Ca. 15 Min. abtropfen lassen. Anschließend mit der Wassermelone, den Radieschen, den Kräutern, den Frühlingszwiebeln und der Chili in eine große Schüssel geben. Alles behutsam vermengen.

Für das Dressing alle Zutaten in ein Schraubglas geben. Das Glas verschließen und kräftig schütteln, bis das Matcha-Pulver klümpchenfrei verteilt ist. Das Dressing mit Salz und Pfeffer abschmecken und über den Salat träufeln. Erneut abschmecken. Den Salat auf Teller verteilen und mit Erdnüssen bestreut servieren.

TIPP

Man bekommt fast alle Zutaten für diesen Salat in toller Qualität in türkischen Supermärkten. Ganz wichtig sind knackige Gurken (am besten die kleinen dunklen) und eine reife, saftige Melone mit einer Schale, die bei Druck nicht nachgibt.

SALADE NIÇOISE

ZUBEREITUNG: 25 MIN.
+ 20 MIN. GAREN

FÜR. 4 PORTIONEN

200 g kleine festkochende Kartoffeln
Meersalz
200 g grüne Bohnen, halbiert
3 Eier
1 EL Olivenöl
300 g Thunfisch in Öl (Dose)
200 g Romanasalatherzen, die Blätter
   zerpflückt
150 g Kirschtomaten, halbiert
1 große Handvoll Oliven
2 EL Kapern
8 Sardellenfilets
1 weiße Zwiebel, in Ringen

Für die Vinaigrette
125 ml Olivenöl
4 EL Weißweinessig
2 TL Zitronensaft
2 TL Dijon-Senf
1 TL Meersalz
Frisch gemahlener schwarzer Pfeffer

Nizza-Salat hat sich seinen Status als Klassiker zu Recht verdient und gehört unbedingt in jede Rezeptsammlung!

Kartoffeln in Salzwasser 10 Min. kochen, dann die Bohnen und die Eier zugeben und weitere 10 Min. kochen. Alles abgießen und kalt abschrecken. Die Kartoffeln pellen, in Würfel schneiden und mit den Bohnen in eine Schüssel geben. Mit dem Olivenöl beträufeln und darin wenden. Die Eier pellen und in Spalten schneiden. Beiseitelegen.

Den Thunfisch abtropfen lassen und mit einer Gabel grob zerteilen. Salatblätter auf einer Platte oder in einer flachen Schüssel auslegen. Kartoffeln, Bohnen, Thunfisch, Tomaten, Oliven und Kapern auf den Blättern verteilen. Für die Vinaigrette alle Zutaten mit einem Stabmixer oder einem Schneebesen cremig rühren und über den Salat gießen. Mit Ei, Sardellenfilets und Zwiebelringen servieren.

TIPP

Für diesen wunderbaren, sättigenden Salat kann man natürlich auch gegarte Kartoffeln, Bohnen und Eier verwenden, die am Wochenende übrig geblieben sind.

TAGLIATELLE MIT KOHLRABI UND LACHS

ZUBEREITUNG: 20 MIN.
+ 20 MIN. GAREN

FÜR 4 PORTIONEN

500 g Kohlrabi, geschält und in
  1 cm großen Würfeln
1 kleine Stange Lauch, in Scheiben
1 Möhre, in dünnen Scheiben
2 Selleriestangen, in Scheiben
400 g Tagliatelle
200 ml Sahne
1 ½ TL Meersalz
Abrieb von ½ Bio-Zitrone
2 TL Tafelmeerrettich
200 g Lachsfilet (ohne Haut), in
  schmalen Streifen
Frisch gemahlener schwarzer Pfeffer
Je 5 Stängel Dill und Petersilie,
  fein gehackt

Für diese One-Pot-Pasta kommt – wie der Name schon sagt – alles gemeinsam in den Topf. Cremige Pastasoße und kaum Abwasch – das Leben kann so einfach sein.

Den Kohlrabi mit dem Lauch, der Möhre, dem Sellerie und den Tagliatelle in einen großen Topf geben. Die Sahne, 1 TL Salz, den Zitronenabrieb und ca. 1 l kaltes Wasser zugeben und abgedeckt bei hoher Temperatur zum Kochen bringen. Den Deckel abnehmen und alles ca. 10 Min. unter häufigem Rühren sprudelnd kochen lassen. Evtl. etwas Wasser zugeben.

Den Meerrettich und die Lachsstreifen unterheben und die Nudeln weitere 2 Min. garen. Sind sie noch nicht bissfest, etwas Wasser zugeben und kurz weiterköcheln lassen. Mit Salz und Pfeffer würzen und mit Dill und Petersilie bestreut servieren.

SO SCHMECKT'S AUCH

Statt frischem Lachs können auch Räucherlachs (der ist vielleicht noch vom Sonntagsbrunch übrig) oder Nordseekrabben verwendet werden. Die Krabben werden allerdings nicht gegart, sondern zum Schluss mit den Kräutern auf den Nudeln verteilt.

SPANISCHE TORTILLA

ZUBEREITUNG: 30 MIN.

FÜR 2–4 PORTIONEN

75 ml Olivenöl
500 g festkochende Kartoffeln,
   geschält und in dünnen Scheiben
1 TL Meersalz
1 große Zwiebel, gewürfelt
1 Knoblauchzehe, fein gehackt
3 Eier
Frisch gemahlener schwarzer Pfeffer

Wenn außer ein paar Kartoffeln, Eiern und einer einsamen Zwiebel gähnende Leere im Vorratsschrank herrscht, spielt diese Tortilla gerne den Retter in der Not.

50 ml Olivenöl in einer Pfanne erhitzen. Die Kartoffeln hineingeben und bei großer Hitze kurz anbraten. Dann mit ½ TL Salz würzen, die Hitze reduzieren und die Kartoffeln 5 – 10 Min. weiterbraten, dabei gelegentlich wenden.

Die Zwiebel und den Knoblauch zugeben und ca. 5 Min. mitbraten. Alles in ein Sieb abgießen und die Kartoffeln leicht abkühlen lassen. In der Zwischenzeit in einer großen Schüssel die Eier, ½ TL Salz und etwas Pfeffer mit dem Schneebesen schaumig schlagen. Die Kartoffelmischung vorsichtig unterheben und die Masse etwas ruhen lassen, damit sie sich besser verbindet.

Das restliche Öl in einer kleinen Pfanne erhitzen und die Kartoffel-Ei-Masse hineingeben. Bei niedriger Temperatur einige Min. stocken lassen. Die Tortilla soll nicht zu dunkel werden. Dann wenden und auch auf der anderen Seite goldbraun braten. (Die Pfanne dafür mit einem großen Teller abdecken, dann die Tortilla auf den Teller stürzen und anschließend zurück in die Pfanne gleiten lassen.)

SO SCHMECKT'S AUCH

Die Tortilla kann nach Belieben mit weiteren Zutaten, die Vorrats- und Kühlschrank hergeben, abgewandelt werden: Chorizo, Serrano-Schinken, Käse, Paprikaschoten, Tomaten, Oliven, Feta, Spargel, Erbsen, Kräuter ... Der Fantasie sind keine Grenzen gesetzt!

GRAUPEN-MÖHREN-PILAW

ZUBEREITUNG: 1 STD.

FÜR 4 PORTIONEN

300 g Möhren, grob gewürfelt

200 g Süßkartoffeln, grob gewürfelt

200 g Kürbis, grob gewürfelt

1 Zweig Thymian, Blättchen
 abgezupft

4 EL Olivenöl

Meersalz

Frisch gemahlener schwarzer Pfeffer

1 kleine Handvoll Haselnusskerne,
 grob gehackt

2 Knoblauchzehen, gehackt

1 Schalotte, gehackt

400 g grobe Perlgraupen

2 Zweige Rosmarin, Nadeln abgezupft
 und grob gehackt

5 Datteln, grob gehackt

1 l Gemüsebrühe

2 Frühlingszwiebeln, in Ringen

½ Bd. Petersilie, fein gehackt

Einige Spritzer Zitronensaft

Zugegeben, die Zutatenliste für diesen Pilaw gehört nicht unbedingt zu den kürzesten, dafür kann sie aber nach Lust und Laune abgewandelt werden. So lässt sich hier z. B. bereits gegartes Ofengemüse oder auch Wurzelgemüse jeglicher Art problemlos unterbringen.

Den Backofen auf 200 °C vorheizen. Die Möhren-, Süßkartoffel- und Kürbiswürfel auf ein Backblech geben, den Thymian daraufstreuen und alles mit 2 EL Öl, Salz und Pfeffer vermengen. Das Gemüse 30 Min. im Ofen rösten, zwischendurch wenden.

Die Haselnüsse in einer Pfanne ohne Fett anrösten. In einem großen Topf das restliche Öl erhitzen und den Knoblauch und die Schalotte darin glasig dünsten. Graupen mit Rosmarin und Datteln zufügen und kurz mitdünsten. Mit Brühe ablöschen und alles bei niedriger Hitze in ca. 30 Min. bissfest garen. Das Röstgemüse, die Haselnüsse, die Frühlingszwiebeln und die Hälfte der Petersilie untermischen. Mit Salz, Pfeffer und Zitronensaft abschmecken und mit der restlichen Petersilie bestreut servieren.

SO SCHMECKT'S AUCH

Dieses leckere vegane Gericht lässt sich sehr gut variieren und an den jeweiligen Stand der Dinge im Vorratsschrank anpassen: Man kann z. B. nur Möhren verwenden oder diese mit Roter Bete oder Pastinaken kombinieren. Statt Datteln passen auch Rosinen oder getrocknete Aprikosen sehr gut. Selbst die Perlgraupen können ersetzt werden, z. B. durch Reis, Hirse oder Bulgur, allerdings verkürzt sich dann evtl. die Garzeit.

TOMATEN-BOHNEN-SUPPE

ZUBEREITUNG: 30 MIN.
+ 40 MIN. GAREN

FÜR 6 PORTIONEN

6 Tomaten, halbiert
2 EL Olivenöl
3 Schalotten, fein gehackt
3 Knoblauchzehen, fein gehackt
1 rote Chilischote, entkernt und
  fein gehackt
1 Stück Ingwer (2 cm), fein gehackt
Je 1 TL geräuchertes Paprikapulver,
  Oregano, gemahlener Kreuzkümmel
  und Kakaopulver (ungesüßt)
400 g stückige Tomaten (Dose)
800 g Kidney-Bohnen (Dose),
  abgetropft
265 g Kichererbsen (Dose), abgetropft
750 ml Gemüsebrühe
Saft von 1 Limette
Meersalz und Pfeffer

Für die Salsa
1 Avocado, geschält und entkernt
1 grüne Chilischote, entkernt und
  fein gehackt
1 Schalotte, gehackt
1 Knoblauchzehe, gehackt
½ Bd. Koriander, Blättchen gehackt
100 g Mais (Dose)
Saft von ½ Limette
Meersalz

Ein Feuerwerk der Gewürze direkt aus Mexiko – diese Suppe beweist: Wer „Chili" sagt, muss nicht unbedingt auch „con Carne" sagen. Für das nötige „Hossa!" sorgen Gewürze, Chili und Kakao, aber auch das Röstaroma der angebratenen Tomaten.

Für die Suppe eine Pfanne stark erhitzen und die Tomaten mit der Schnittseite nach unten in 1 EL Öl scharf anbraten. Wenn sie kräftig gebräunt sind, aus der Pfanne nehmen und etwas abkühlen lassen. Das Fruchtfleisch herausdrücken, die Tomatenhaut entsorgen.

Schalotten, Knoblauch, Chili und Ingwer im restlichen Öl in einem Topf 10 Min. andünsten. Paprikapulver, Oregano und Kreuzkümmel zufügen und kurz anrösten. Kakao, die gerösteten und die stückigen Tomaten, Bohnen, Kichererbsen und Brühe zugeben und 35 Min. köcheln lassen. Die Suppe mit Limettensaft, Salz und Pfeffer abschmecken.

Für die Salsa das Fruchtfleisch der Avocado würfeln. Mit Chili, Schalotte, Knoblauch, Koriander und Mais vermischen und mit Limettensaft und Salz abschmecken.

TIPP
Dazu passen Crème fraîche und Tortillachips.

GEBRATENER REIS MIT GEMÜSE

ZUBEREITUNG: 15 MIN.
+ 15–20 MIN. GAREN

FÜR 2 PORTIONEN

150 g Reis
200 g grünes Gemüse (z. B. Brokkoli,
    Zuckerschoten, Erbsen)
Meersalz
1 EL Kokosöl
50 g Cashewkerne
1 EL rote oder grüne Currypaste
100 g Tofu, in Stäbchen
4 Frühlingszwiebeln, in schrägen
    Ringen
2 Eier, verquirlt
Frisch gemahlener schwarzer Pfeffer
Je 4 Stängel Koriander und
    Thai-Basilikum, Blättchen abgezupft
Ca. 1 EL Sojasoße
1 Bio-Limette, in Spalten

Gebratener Reis ist ein Alleskönner in der Resteküche. Sind die einzelnen Zutaten fix und fertig vorbereitet, übernimmt der Wok das Kommando, und im Nu steht das Gute-Laune-Essen auf dem Tisch. Wok this way!

Den Reis nach Packungsanweisung bissfest garen. Auf einem flachen Teller ausbreiten und vollständig abkühlen lassen.

Das Gemüse in sprudelnd kochendem Salzwasser in ca. 3 Min. bissfest blanchieren. Abgießen und eiskalt abschrecken. Das Öl in einem Wok erhitzen und die Cashewkerne darin anrösten. Mit einem Schaumlöffel herausnehmen und auf Küchenpapier abtropfen lassen.

Die Currypaste 1 Min. im Öl erhitzen. Tofu zufügen und bei hoher Temperatur unter ständigem Rühren ca. 4 Min. anbraten. Das Gemüse, die Hälfte der Frühlingszwiebeln und die Cashewkerne unterrühren und 2 Min. erhitzen.

Den Reis mit einer Gabel auflockern und unter das Gemüse mischen. Alles an den Rand des Woks schieben und die Eier in die Mitte gießen. Mit Salz und Pfeffer würzen und unter Rühren stocken lassen. Alles miteinander vermengen und vom Herd nehmen. Die übrigen Frühlingszwiebeln, Koriander und Thai-Basilikum untermischen. Den gebratenen Reis mit Sojasoße abschmecken, auf Teller verteilen und mit Limettenspalten garniert servieren.

TIPP

Für gebratenen Reis eignet sich übrigens Reis vom Vortag am besten. Es werden ca. 450 g gegarter Reis benötigt.

DIENSTAG

SCHNELL & LECKER

Dienstag ist unter allen Tagen der wohl unscheinbarste, dabei hat er ungeahnte Vorteile: Die Supermärkte sind prallvoll mit frischer Ware bestückt, doch statistisch gesehen kommt kaum jemand auf den Gedanken, an diesem Tag einzukaufen. Schlaue Mäuse düsen also genau jetzt zum entspannten Food-Shopping, kriegen alles, was sie brauchen und sind auch noch ratzfatz an der Kasse durch – herrlich! Zu Hause hat man dann zwar etwas weniger Zeit zum Kochen, schöpft aber, was die Zutaten betrifft, aus dem Vollen.

ERBSEN-MINZE-SUPPE

ZUBEREITUNG: 15 MIN.
+ 15 MIN. GAREN

FÜR CA. 4 PORTIONEN

2 EL Kokosöl

2 Schalotten, fein gehackt

1 Knoblauchzehe, fein gehackt

800 g Erbsen (frisch oder TK)

50 ml Weißwein

500 ml Gemüsebrühe

200 ml Kokosmilch

4 Kaffirlimettenblätter, Mittelrispe
entfernt

1 Stange Zitronengras, angedrückt

½ grüne Chilischote, entkernt und fein
gehackt

1 Handvoll Minzeblättchen, fein
gehackt

2 TL Matcha-Pulver (optional)

Saft und Abrieb von 1 Bio-Limette

Meersalz

Frisch gemahlener schwarzer Pfeffer

2 EL Kokosraspel

Grün, grün, grün sind fast alle Zutaten für dieses blitzschnelle Süppchen. Minze, Limettenblätter und ein Hauch Matcha sorgen außerdem für einen ordentlichen Frische-Kick. Da strahlen das Schälchen und der Koch gleichermaßen!

Das Kokosöl in einem Topf zerlassen. Die Schalotten und den Knoblauch darin unter Rühren andünsten. Die Erbsen zugeben und kurz mitdünsten.

Mit Weißwein ablöschen. Gemüsebrühe und Kokosmilch zufügen. Limettenblätter, Zitronengras, Chili und die Hälfte der Minze zugeben und alles 15 Min. bei mittlerer Hitze kochen lassen. Vom Herd nehmen und das Zitronengras entfernen. Etwa eine Kelle voll Erbsen entnehmen und beiseitestellen. Die Suppe sehr fein pürieren und nach Belieben durch ein Sieb seihen. Erneut erwärmen und die entnommenen Erbsen wieder zugeben. Das Matcha-Pulver mit etwas Wasser glatt rühren und mit Limettensaft und -abrieb zur Suppe geben. Mit Salz und Pfeffer abschmecken.

Die Suppe in Schalen gießen und mit der restlichen Minze und den Kokosraspeln bestreut servieren.

REISNUDEL-BOWL MIT CHILI

ZUBEREITUNG: 20 MIN.

FÜR CA. 4 PORTIONEN

200 g Brokkoli, in Röschen
250 g Erbsen (TK)
Meersalz
1 Bio-Limette
250 g Reisbandnudeln
1½ EL Erdnussöl
400 g Garnelen, ohne Kopf und ohne
    Schale (TK-Garnelen aufgetaut
    verwenden)
8 Frühlingszwiebeln, in schrägen
    Ringen
2 grüne Chilischoten, entkernt und in
    feinen Ringen
2 EL Reisessig
2 EL schwarze Sesamsamen
1 EL helle Sesamsamen, geröstet
1 EL geröstetes Sesamöl
Ca. 1 EL Sriracha (Chilisoße)
½ Bd. Koriander, fein gehackt

In puncto Schnelligkeit lassen sich asiatische Pfannengerichte kaum überbieten – perfekt für einen späten Feierabend. Am besten legt man die TK-Garnelen schon morgens zum Auftauen in den Kühlschrank, dann hat man abends die Schüssel fast schneller gefüllt, als man „Superbowl!" rufen kann.

Den Brokkoli und die Erbsen in sprudelnd kochendem Salzwasser 3 Min. blanchieren, abgießen, eiskalt abschrecken und abtropfen lassen. Die Limettenschale abreiben, die weiße Haut entfernen und das Fruchtfleisch in Spalten schneiden.

Die Reisnudeln mit kochendem Wasser übergießen und nach Packungsanweisung gar ziehen lassen. Abgießen, abschrecken und gut abtropfen lassen. Mit ½ EL Erdnussöl in einer Schüssel vermengen.

Einen Wok stark erhitzen. Das restliche Erdnussöl hineingießen, Garnelen, Frühlingszwiebeln und Chilis darin ca. 3 Min. unter Rühren anbraten. Anschließend Nudeln, Brokkoli, Erbsen, Limettenabrieb, Essig, schwarzen und hellen Sesam, Sesamöl, Sriracha sowie die Hälfte des Korianders zugeben und alles vermengen. Mit Salz und Sriracha abschmecken. In vorgewärmte Schalen füllen und mit dem restlichen Koriander und den Limettenspalten garniert servieren.

SO SCHMECKT'S AUCH
Wer auf Meeresfrüchte, nicht aber auf das Meeresaroma verzichten möchte, mischt 1–2 fein geschnittene Nori-Blätter unter die Reisnudeln.

ZITRONENLINGUINE MIT KRÄUTERN

ZUBEREITUNG: 20 MIN.

FÜR 4 PORTIONEN

400 g Linguine
Meersalz
300 ml Sahne
Abrieb und Saft von 2 Bio-Zitronen
50 g Mascarpone
2 Frühlingszwiebeln, in Ringen
1 Bd. Basilikum, fein gehackt
½ Bd. Minze, Blättchen fein gehackt
1 kleine Handvoll Rucola, fein gehackt
100 g Parmesan, gerieben
250 g Kirschtomaten, halbiert
Frisch gemahlener schwarzer Pfeffer

Jede Wette, dass diese sommerliche Pasta ins Standardreper-toire aufgenommen wird: wunderbar cremig und gleichzeitig unglaublich frisch, vollgepackt mit Vitaminen, wohlig sättigend und darüber hinaus in Nullkommanichts aufgetischt. Die beste Ansage, wenn das Leben uns Zitronen gibt!

Die Linguine in reichlich Salzwasser bissfest garen. In der Zwischenzeit die Sahne mit dem Zitronenabrieb in einem Topf erhitzen. Die Linguine abgießen, dabei 50 ml Kochwasser auffangen. Die Zitronensahne in den Nudeltopf gießen, Zitronensaft, Kochwasser und Mascarpone zugeben und erhitzen.

Linguine, Frühlingszwiebeln, Kräuter, Rucola und 80 g Parmesan zufügen und verrühren. Die Kirschtomaten unterheben. Die Linguine salzen, pfeffern und mit dem restlichen Parmesan bestreut servieren.

SO SCHMECKT'S AUCH
Unter die Zitronennudeln kann man (ergänzend oder statt der Kirschtomaten) auch 500 g blanchierte Spargelstücke mischen.

CHILI-WALNUSS-HUHN

ZUBEREITUNG: 15 MIN.
+15–20 MIN. GAREN

FÜR 4 PORTIONEN

½ TL Safranfäden (optional)
2 EL Olivenöl
4 Hähnchenbrustfilets à 150 g
Meersalz
Frisch gemahlener schwarzer Pfeffer
2 Zwiebeln, fein gewürfelt
4 rote Chilischoten, entkernt und fein
   gehackt
2 Knoblauchzehen, fein gehackt
100 g Walnusskerne, fein gehackt
200–300 ml Hühnerbrühe
2 EL Granatapfelsirup
2 EL Vollrohrzucker
300 g Basmatireis
5 Stängel glatte Petersilie, fein gehackt

Herbstblues? Ab heute ist dieses Gericht der Retter in der Not, wenn es kalt und düster ist. Hühnchen ist ja schon per se ein erprobter Tröster, aber wenn es mit seinen würzigen Freunden Chili und Knoblauch anreist, geht die wärmende Sonne wieder auf.

Die Safranfäden im Mörser zermahlen und in 2 EL lauwarmem Wasser ziehen lassen. 1 EL Öl in einer großen Pfanne erhitzen und die Hähnchenbrustfilets darin goldgelb anbraten. Mit Salz und Pfeffer würzen und herausnehmen.

Das restliche Öl in die Pfanne geben und die Zwiebeln darin andünsten. Einen Großteil der Chilis und den Knoblauch zugeben, 1 Min. mitbraten, dann die Walnüsse zufügen und 2 Min. weiterbraten. Mit der Brühe ablöschen. Aufkochen lassen, dann Granatapfelsirup und Zucker sowie den Safran mitsamt Einweichwasser unterrühren, mit Salz und Pfeffer abschmecken. Die Hähnchenbrustfilets in die Soße legen und zugedeckt bei niedriger Temperatur in ca. 15 Min. garen. Nach der Hälfte der Zeit wenden.

Den Reis gründlich abspülen und in einem Topf mit ca. 550 ml leicht gesalzenem Wasser bedecken. Aufkochen und bei niedriger Hitze in 10–12 Min. bissfest garen. Vom Herd nehmen und kurz ruhen lassen.

Das Chili-Hähnchen mit der Petersilie und den restlichen Chilis bestreuen und mit Reis servieren.

WOLFSBARSCH MIT TOMATEN-KÄSE-KRUSTE

ZUBEREITUNG: 20 MIN.
+ 15 MIN. GAREN

FÜR 4 PORTIONEN

2 Tomaten
1 kleine Zwiebel, fein gehackt
1 EL Tomatenmark
½ TL gemahlener Kreuzkümmel
½ TL gemahlener Koriander
2 Tropfen Tabasco
Meersalz
¼ TL frisch gemahlener schwarzer
Pfeffer
2 EL Zitronensaft
30 g Butter, zerlassen
4 Wolfsbarschfilets à 200 g,
   küchenfertig
100 g geriebener Gruyère
30 g Semmelbrösel
1 Bio-Zitrone, in Scheiben

Willkommen in der Expressküche! Bei diesem Rezept übernimmt der Ofen fast die ganze Arbeit, sodass nebenbei ganz entspannt Couscous oder Reis zubereitet werden kann. Werden statt frischer Tomaten abgetropfte stückige Tomaten (ca. 4 EL) verwendet, geht es sogar noch schneller!

Den Backofen auf 180 °C vorheizen. Die Tomaten nach Belieben enthäuten. Dafür kreuzweise einschneiden, in eine Schüssel legen und mit kochendem Wasser übergießen. Nach 1 Min. abschrecken und die Haut abziehen. Anschließend vierteln, entkernen und hacken. In einer Schüssel die Tomaten mit Zwiebel, Tomatenmark, Gewürzen und Tabasco mischen. Mit Salz abschmecken. In einem Schälchen Pfeffer, Zitronensaft und Butter verrühren.

Die Filets in eine Auflaufform legen, mit der Buttermischung bestreichen und salzen. Mit der Tomatensoße bedecken. Gruyère und Semmelbrösel mischen und auf den Filets verteilen. 15 Min. backen. Mit Zitronenscheiben servieren.

TIPP

Der Wolfsbarsch schmeckt toll, ist allerdings nicht überall erhältlich. Er kann aber für dieses Rezept durch viele andere Fischsorten ersetzt werden, z. B. Rotbarsch, Kabeljau oder Seelachs.

LINSEN-DAL MIT SÜSSKARTOFFELN

ZUBEREITUNG: 25 MIN.
+ 20 MIN. GAREN

FÜR 4 PORTIONEN

Für das Dal

2 TL Koriandersamen

Je 1 TL Kreuzkümmelsamen,
  gemahlener Zimt und gemahlene
  Kurkuma

2 EL Kokosöl

2 Zwiebeln, fein gehackt

1 rote Chilischote, entkernt und längs
  halbiert

2 Knoblauchzehen, fein gehackt

1 Stück Ingwer (3 cm), gerieben

200 g rote Linsen

Ca. 500 ml Gemüsebrühe

400 ml Kokosmilch

Saft von 1–2 Limetten

Meersalz

Frisch gemahlener schwarzer Pfeffer

1 Bd. Koriander, grob gehackt

Für das Topping

2 Süßkartoffeln, ungeschält und grob
  gewürfelt

Meersalz

Frisch gemahlener schwarzer Pfeffer

1 TL Kreuzkümmelsamen

½ TL Fenchelsamen

1 EL Olivenöl

50 g Kokoschips

Vollgepackt mit wärmenden Gewürzen, sättigenden Linsen und cremiger Kokosmilch, macht dieser kulinarische Orient-Express einfach glücklich. Wer es etwas leichter und säuerlicher mag, kann die Kokosmilch auch durch die gleiche Menge stückige Tomaten aus der Dose ersetzen und die Suppe mit einem Klecks Joghurt servieren.

Den Backofen auf 220 °C vorheizen.

Für das Topping die Süßkartoffeln auf einem mit Backpapier ausgelegten Backblech verteilen. Mit Salz, Pfeffer, Kreuzkümmel und Fenchel bestreuen und mit Öl beträufeln. Im Ofen in ca. 20 Min. goldbraun rösten.

Für das Dal Koriander- und Kreuzkümmelsamen in einem Mörser zerstoßen und mit Zimt und Kurkuma mischen. Das Kokosöl in einem großen Topf erhitzen und die Zwiebeln darin bei mittlerer Temperatur glasig dünsten. Chili, Knoblauch und Ingwer zugeben und 1 Min. mitgaren. Die Gewürzmischung ebenfalls zugeben und 1 Min. anrösten. Linsen unterrühren, Brühe und Kokosmilch zugießen und aufkochen. Bei geringer Temperatur 15 – 20 Min. köcheln lassen. Zwischendurch umrühren und evtl. etwas Brühe oder Wasser nachgießen. Mit Limettensaft, Salz und Pfeffer abschmecken und die Hälfte des Korianders unterrühren.

Die Suppe auf Schüsseln verteilen und mit Süßkartoffeln, Kokoschips und dem restlichen Koriander servieren.

QUESADILLAS MIT RADIESCHEN-GUACAMOLE

ZUBEREITUNG: 25 MIN.

FÜR 2–4 PORTIONEN

Für die Quesadillas

200 g geräucherte Chorizo, gewürfelt

4 Weizentortillas

100 g mittelalter Gouda, gerieben

100 g Fontina (oder Cheddar), gerieben

2 Frühlingszwiebeln, in Ringen

½ rote Paprikaschote, gewürfelt

Ca. 2 EL Olivenöl

Für die Guacamole

2 Avocados, geschält und entkernt

8 Radieschen, fein gewürfelt

1 rote Zwiebel, fein gehackt

1 Knoblauchzehe, fein gehackt

½ Bd. Koriander, fein gehackt

1 grüne Chilischote, entkernt und fein
   gehackt

3 EL frisch gepresster Limettensaft

Meersalz

Frisch gemahlener schwarzer Pfeffer

Leckerer, gut schmelzender Käse ist das Herzstück dieses Snacks, ansonsten kann man bei der Füllung der Fantasie freien Lauf lassen: Ob mit gebratenem Hackfleisch, gegrilltem Gemüse oder Hähnchen, mit Kidneybohnen, Mais oder „Einmal mit allem bitte" – erlaubt ist, was schmeckt.

Für die Guacamole das Avocadofruchtfleisch in eine Schüssel geben und mit einer Gabel zerdrücken. Alle weiteren Zutaten unterheben und die Salsa mit Salz und Pfeffer abschmecken.

Für die Quesadillas eine Pfanne erhitzen und die Chorizo darin bei mittlerer Hitze anbraten. Herausnehmen. Tortillas bis zur Hälfte mit Käse bestreuen und mit Wurst, Frühlingszwiebeln und Paprika belegen. Zusammenklappen und die Oberseite dünn mit Öl bepinseln.

Mit der geölten Seite nach unten in eine heiße Pfanne legen und bei mittlerer Hitze 2 Min. braten. Die Oberseite mit Öl bestreichen, die Tortilla wenden und in ca. 1 ½ Min. fertig braten. In Dreiecke teilen und heiß mit der Guacamole servieren.

RACLETTE-SCHINKEN-SANDWICH

ZUBEREITUNG: 15–20 MIN.

FÜR 4 PORTIONEN

2 EL Olivenöl

2 Zweige Rosmarin, Nadeln grob
  gehackt

2 Äpfel (z. B. Elstar), entkernt und in
  Spalten

1 TL Zitronensaft

2 Schalotten, in Ringen

1 TL brauner Zucker

8 Scheiben rustikales Brot

4 TL gehackte Walnusskerne

4 Scheiben Kochschinken

120 g Raclette-Käse, in Scheiben

Frisch gemahlener schwarzer Pfeffer

*Diese Käsestulle weckt den Holzfäller in dir: herzhaft, würzig,
saftig und schon fast unanständig lecker. Da wird selbst der
wildeste Bärenhunger gestillt. Wer mag, kann die säuerlichen
Äpfel durch feste, aromatische Birnen ersetzen, und vegetarische
Holzfäller lassen den Schinken einfach weg.*

Den Backofengrill vorheizen. Das Öl mit dem Rosmarin in einem
kleinen Topf bei hoher Temperatur erhitzen. Sobald es anfängt zu
zischen, vom Herd nehmen und abgedeckt 5 Min. ziehen lassen.
Die Äpfel mit Zitronensaft beträufeln.

Das Rosmarinöl durch ein feines Sieb in eine Pfanne seihen und die
Schalotten darin andünsten. Die Äpfel zugeben und kurz mitgaren.
Mit Zucker bestreuen und bei hoher Temperatur kurz karamellisie-
ren lassen. Vom Herd nehmen.

Das Brot toasten. Die Walnüsse und die Apfel-Zwiebel-Mischung
auf 4 Scheiben verteilen, dabei etwas Öl zurückbehalten. Die
Brote mit Schinken und Käse belegen und mit Pfeffer würzen.
Die übrigen Brotscheiben mit dem restlichen Öl beträufeln und
darauflegen. Unter dem Backofengrill von beiden Seiten rösten,
bis der Käse geschmolzen ist. Die Sandwiches halbieren und sofort
servieren.

Der Mittwoch zaubert so manch einem
ein Lächeln auf die Lippen, denn es ist ...
Bergfest, hoch die Tassen! Um auch den
Rest der Arbeitswoche fit und munter zu
wuppen, nutzen wir die Mittagspause,
um uns auf dem aromagetränkten
Wochenmarkt glücklich zu schnuppern.
Hier decken wir uns mit knackfrischem
Gemüse und vielen wohltuenden Kräutern ein, bringen vielleicht sogar ein
Fischlein mit und essen uns zu Hause
fröhlich durch alle Farben des Regen-
bogens.

MITTWOCH

AUF ZUM MARKT

SPARGEL-LINSEN-SALAT

ZUBEREITUNG: 25 MIN.
+ CA. 20 MIN. GAREN

FÜR 4 PORTIONEN

200 g Beluga-Linsen

100 g Quinoa

Meersalz

500 g grüner Spargel

10 Radieschen, geviertelt

1 Bd. Schnittlauch, in Röllchen

½ rote Chilischote, entkernt und fein
  gehackt

200 g Ziegenkäserolle, in Stückchen

Für das Pesto

50 g Walnusskerne

2 Knoblauchzehen

Saft und Abrieb von 1 Bio-Zitrone

2 Handvoll Rucola

Ca. 70 ml Olivenöl

Ca. 1 TL Meersalz

Frisch gemahlener schwarzer Pfeffer

Wer Salat als Hauptmahlzeit mag, wird dieses Rezept lieben. Linsen und Quinoa halten lange satt, und frisches Pesto sorgt für einen herrlichen Aroma-Kick. Und das Beste: Wer etwas mehr macht, hat für den nächsten Tag gleich einen prima Büro-Lunch parat.

Die Linsen in einen Topf geben und mit der doppelten Menge kaltem Wasser bedecken. Zum Kochen bringen und in ca. 15 Min. bissfest garen. Quinoa in einem zweiten Topf mit kaltem Salzwasser bedecken, aufkochen und in ca. 10 Min. bissfest garen. Überschüssiges Wasser abgießen und Linsen und Quinoa abkühlen lassen. Die holzigen Enden vom Spargel abbrechen, dann die Stangen in kochendem Salzwasser 2 Min. blanchieren. In Eiswasser abschrecken, abtropfen lassen und in mundgerechte Stücke schneiden. Linsen, Quinoa, Spargel, Radieschen, Schnittlauch und Chili in einer Schüssel vermengen.

Für das Pesto alle Zutaten grob pürieren oder im Mörser zerstoßen. Das Pesto unter den Salat heben und diesen 30 Min. ziehen lassen. Mit Salz und Pfeffer abschmecken. Auf Teller verteilen und mit Ziegenkäse bestreut servieren.

SO SCHMECKT'S AUCH

Wer Ziegenkäse nicht so gerne mag, kann ihn durch Feta ersetzen. Das Pesto kann statt mit Rucola auch mit einer Mischung aus frischen Kräutern zubereitet werden, z. B. Minze und Basilikum.

APFEL-CHICORÉE-SALAT

ZUBEREITUNG: 20 MIN.

FÜR 4 PORTIONEN

3 säuerliche Äpfel, entkernt und in
   Spalten
2 Stauden Chicorée, in Streifen
2 kleine Rote Beten, geviertelt und in
   dünnen Scheiben
2 Birnen, entkernt und in Spalten
1 Romanasalatherz, die Blätter
   zerpflückt
50 g Rucola
Einige Stängel Petersilie, Blättchen fein
   gehackt
150 g Blauschimmelkäse (z. B.
   Roquefort, Stilton oder Gorgonzola)
3 EL gemischte Kerne und Samen
   (z. B. Sonnenblumen-, Kürbis- oder
   Pinienkerne, Mohnsamen oder
   Sesam)

Für das Dressing
3 TL Sherryessig
2 TL Apfelessig
2 TL Granatapfelsirup
2 TL Ahornsirup
5 EL Olivenöl
Meersalz
Frisch gemahlener schwarzer Pfeffer
1 rote Zwiebel, in Ringen

*Dieser Salat mit süßsauren Äpfeln, leicht bitterem Chicorée
und frisch geernteter Roter Bete ist genau das Richtige, wenn
im Spätsommer die Tage kürzer werden. Getoppt mit würzigem
Gorgonzola wird aus ihm eine sättigende Mahlzeit, die glücklich
und zufrieden macht.*

Für das Dressing alle Zutaten gründlich mischen und die Zwiebelringe darin kurz ziehen lassen.

Für den Salat Äpfel, Chicorée, Rote Bete, Birnen, Romanasalat, Rucola und Petersilie in einer Salatschüssel vermengen. Das Dressing
über den Salat gießen und alles gut durchmischen. Mit Salz und
Pfeffer abschmecken. Auf Teller verteilen, den Käse darüberbröseln
und den Salat mit Kernen bestreut servieren.

TIPP

Die Rote Bete kann roh verwendet oder in Alufolie
gewickelt bei 220 °C ca. 1 Std. im Ofen gebacken
werden. Auf jeden Fall sollte man beim Schälen und
Schneiden Einweghandschuhe tragen!

QUINOASALAT MIT SPARGEL

ZUBEREITUNG: 20 MIN.
+ 15 MIN. GAREN

FÜR 4 PORTIONEN

200 g Quinoa

Meersalz

500 g grüner Spargel

2 EL Öl

1 Handvoll Petersilie, grob gehackt

2 Stängel Minze, Blättchen fein gehackt

2–3 Stängel Basilikum, Blättchen fein
  gehackt

500 g Erdbeeren, in Scheiben

1 Bd. Radieschen, in Scheiben

100 g Ziegenkäserolle

1 Handvoll Sprossen

Für das Dressing

Saft von ½ Zitrone

5 EL Olivenöl

1 EL Honig

Meersalz

Frisch gemahlener schwarzer Pfeffer

Vorhang auf für die Stars des Frühsommers! Die Saisonpartner Spargel und Erdbeere laufen in diesem Zusammenspiel zur Höchstform auf, und wenn am Ende statt Konfetti viele frische Kräuter rieseln, lässt der Applaus bestimmt nicht auf sich warten.

Quinoa gründlich abspülen. In einem Topf mit kaltem Salzwasser bedecken, aufkochen und in ca. 10 Min. bissfest garen. Mit einer Gabel auflockern und abkühlen lassen.

Die holzigen Enden vom Spargel abbrechen, dann die Stangen schräg in mundgerechte Stücke schneiden. In Öl schwenken, leicht salzen und in einer Pfanne 6 — 8 Min. braten.

Für das Dressing alle Zutaten in ein Schraubglas geben und kräftig schütteln. Quinoa mit Kräutern, Erdbeeren, Radieschen, Spargel und Dressing vermengen. Mit Salz abschmecken. Den Käse in kleine Stücke schneiden und mit den Sprossen auf dem Salat verteilen.

SOMMERROLLEN MIT ERDNUSS-SOSSE

ZUBEREITUNG: 45 MIN.

FÜR 40 STÜCK

Für die Soße

1 EL Erdnussöl

2 Knoblauchzehen, fein gehackt

1 rote Chilischote, entkernt und
  fein gehackt

3 EL Erdnussbutter

1 TL brauner Zucker

100 ml Hoisin-Soße

1 EL Limettensaft

Für die Sommerrollen

300 g dünne Reisnudeln

Je ½ Bd. Minze und Koriander,
  Blättchen abgezupft

1 Bd. Thai-Basilikum, Blättchen
  abgezupft

2 Frühlingszwiebeln, in schmalen
  Streifen

1 Salatgurke, in Stiften

1 Möhre, in Stiften

1 Mango, fein gewürfelt

1 Avocado, fein gewürfelt

1 rote Paprikaschote, fein gewürfelt

¼ Rotkohl, in Streifen

30 g Sprossen

Ca. 10 Garnelen, gegart und geschält

40 Reispapierblätter (Ø 22 cm)

Wenn die Sonne lacht und der Tisch sich unter der bunten Gemüse- und Kräuterpracht vom Markt biegt, sind Sommer-rollen genau das Richtige. Und da an herrlichen Sommertagen niemand viel Zeit in der Küche verbringen möchte, verteilt man am besten die vorbereiteten Zutaten einfach nur in Schälchen – so kann sich jeder nach Geschmack bedienen und dann einfach drauflosrollen.

Für die Soße das Öl in einem kleinen Topf erhitzen. Knoblauch und Chili darin 2 Min. bei mittlerer Hitze anbraten. 150 ml Wasser, Erdnussbutter, Zucker, Hoisin-Soße und Limettensaft zugeben und unter Rühren aufkochen. Bei niedriger Hitze 2 Min. köcheln lassen. In einem Schälchen beiseitestellen.

Für die Sommerrollen die Reisnudeln in eine Schüssel geben, mit kochendem Wasser vollständig bedecken und in 3 – 4 Min. gar ziehen lassen. Abgießen, mit kaltem Wasser abschrecken und gründlich abtropfen lassen. Beiseitestellen.

Die restlichen Zutaten bis auf die Reispapierblätter in separate Schälchen geben. Eine Schüssel mit lauwarmem Wasser bereitstellen. Ein Reispapierblatt darin 30 Sek. einweichen, dann sofort auf ein feuchtes Geschirrtuch legen und nach Belieben belegen, dabei einen Rand lassen. Die Seiten einschlagen, dann den Rest des Blattes fest aufrollen. Mit den übrigen Blättern und der restlichen Füllung ebenso verfahren. Die fertigen Sommerrollen mit der Naht nach unten auf eine Platte legen und bis zum Servieren mit einem feuchten Tuch bedecken.

Die Sommerrollen zusammen mit der Erdnusssoße servieren.

MANGOLD-LACHS-AUFLAUF

ZUBEREITUNG: 20 MIN.
+ 40 MIN. GAREN

FÜR 4 PORTIONEN

500 g säuerliche Äpfel (z. B. Elstar),
  entkernt und in ca. 1 cm dicken
  Ringen
3 EL Saft und Abrieb von 1 Bio-Zitrone
120 g Butter + etwas für die Form
1 EL Olivenöl
2 Schalotten, fein gewürfelt
1 Knoblauchzehe, fein gewürfelt
750 g Mangold, Stiele fein und
  Blätter grob gehackt
200 ml Milch
400 ml Sahne
60 g Walnusskerne, gemahlen
Frisch geriebene Muskatnuss
Meersalz
Frisch gemahlener schwarzer Pfeffer
600 g Lachsfilet (ohne Haut), in 2 cm
  großen Würfeln
100 g Semmelbrösel
70 g Walnusskerne, gehackt
5 Stängel glatte Petersilie, fein gehackt

Ein warmer, würziger Auflauf zaubert selbst an einem verregneten Tag ein Wohlfühllächeln auf unsere Gesichter. Auflauf gut, alles gut.

Den Backofen auf 180 °C vorheizen. Die Äpfel in einer Schüssel mit 2 EL Zitronensaft beträufeln.

In einem großen Topf 1 EL Butter und Öl erhitzen. Schalotten und Knoblauch darin glasig dünsten. Mangoldstiele zugeben und 5 Min. mitdünsten. Dann Mangoldblätter, Zitronenabrieb und 1 EL Zitronensaft unterrühren, 2 Min. mitgaren. Milch und Sahne zugießen und die gemahlenen Walnüsse unterrühren, bei niedriger Temperatur 10 Min. köcheln lassen. Mit Muskatnuss, Salz und Pfeffer abschmecken und vom Herd nehmen.

Den Lachs unter kaltem Wasser abspülen, trocken tupfen und in eine gefettete Auflaufform legen. Salzen, pfeffern und die Mangold-Sahne-Mischung darauf verteilen. Die Apfelringe dachziegelartig darüberschichten. Die Semmelbrösel mit der übrigen Butter, gehackten Walnüssen und Petersilie zu Bröseln vermengen und auf den Äpfeln verteilen. Den Auflauf im Ofen auf mittlerer Schiene in 30 Min. überbacken.

TIPP

Dazu passt Reis oder Kartoffelpüree.

PFIFFERLING-RISOTTO

ZUBEREITUNG: 40 MIN.

FÜR 4 PORTIONEN

1,5 l Gemüsebrühe
6 g getrocknete Steinpilze (optional)
3 EL Olivenöl
2 Schalotten, fein gehackt
2 Knoblauchzehen, fein gehackt
500 g Pfifferlinge
3 Stängel Thymian
300 g Risottoreis
200 ml trockener Weißwein
3 EL Mascarpone
2 EL Zitronensaft
50 g Parmesan, frisch gerieben
2 EL glatte Petersilie, Blättchen fein
  gehackt
Meersalz
Frisch gemahlener schwarzer Pfeffer
Trüffelöl nach Belieben

Pfifferlinge erfordern zwar ein wenig Mühe beim Putzen, entschädigen aber dafür mit ihrem einzigartigen, feinen Pilzgeschmack. In Kombination mit einem cremigen Risotto ein echter Gaumenschmaus!

Die Gemüsebrühe mit den Steinpilzen in einen Topf geben und aufkochen. Die Temperatur reduzieren und die Brühe auf dem Herd warm halten. Das Öl in einem breiten Topf erhitzen, Schalotten und Knoblauch darin unter Rühren bei niedriger Hitze in ca. 8 Min. weich dünsten. Pfifferlinge und Thymian zugeben und einige Min. bei mittlerer Hitze mitgaren. Den Reis zufügen und glasig dünsten. Mit Wein ablöschen.

Wenn kaum noch Flüssigkeit zu sehen ist, die Brühe kellenweise zugeben, immer wieder rühren und vor jeder weiteren Zugabe warten, bis der Reis die Flüssigkeit absorbiert hat. Den Reis in ca. 18 Min. bissfest garen. Mascarpone unterrühren und das Risotto vom Herd nehmen, die Thymianstängel entfernen. Zitronensaft, 2 EL Parmesan und Petersilie untermengen. Das Risotto mit Salz und Pfeffer abschmecken und abgedeckt 1 Min. ruhen lassen.

Nach Belieben mit Trüffelöl beträufeln und mit dem restlichen Parmesan servieren.

SO SCHMECKT'S AUCH
Falls keine Pfifferlinge erhältlich sind, kann das Risotto auch mit Steinpilzen, braunen Champignons oder anderen Pilzen zubereitet werden.

QUARKKNÖDEL MIT RHABARBERFÜLLUNG

ZUBEREITUNG: 1 STD.
+ 2 STD. KÜHLEN

FÜR 4 PORTIONEN

Für die Knödel

30 g weiche Butter

1 EL Zucker

1 Pck. Vanillezucker

1 Ei

1 Eigelb

Meersalz

400 g Magerquark

4 Scheiben Toastbrot, fein zerbröselt

Für die Füllung

400 g Rhabarber, in 2 cm großen
   Stücken

1 Zimtstange

5 EL Gelierzucker 3:1

4 EL Orangensaft

Für die Brösel

100 g Butter

100 g Semmelbrösel

2 EL Puderzucker

1 TL Zimt

Im Umgang mit klebrigem Quarkknödelteig muss man zwar gute Nerven haben, aber die weichen, warmen, süßen Knödel sind es auf jeden Fall Wert und lassen die Mühen des Weges beim ersten Bissen vergessen.

Für die Knödel Butter, Zucker und Vanillezucker cremig rühren. Ei, Eigelb und 1 Prise Salz zufügen und verquirlen. Den Quark in einem sauberen, feuchten Geschirrtuch gut ausdrücken und mit den Toastbröseln zur Buttermischung geben. Zu einem Teig vermengen und für 2 Std. oder über Nacht kalt stellen.

Für die Füllung den Rhabarber mit der Zimtstange und dem Gelierzucker in 10 Min. zu Mus einkochen. Die Zimtstange entfernen, das Mus abkühlen lassen.

Für die Brösel die Butter in einer Pfanne schmelzen. Semmelbrösel und Puderzucker einstreuen und unter Rühren goldbraun rösten. Den Zimt unterrühren. Die Brösel auf einen flachen Teller geben und abkühlen lassen.

Aus dem Knödelteig mit angefeuchteten Händen golfballgroße Kugeln formen. Flach drücken, mit ca. 1 TL Rhabarbermus füllen und den Teig darum schließen. Das restliche Mus mit Orangensaft zu einer Soße verrühren. Die Knödel in siedendem Salzwasser ca. 10 Min. gar ziehen lassen. Abtropfen lassen und in den Bröseln wenden. Mit Rhabarbersoße servieren.

TIPP

Gegarte Knödel können zum Aufwärmen in
etwas Butter angebraten werden.

ERDBEER-TIRAMISU

ZUBEREITUNG: 25 MIN.
+ 1 STD. KÜHLEN

FÜR 6 PORTIONEN

800 g Erdbeeren
5 EL Amaretto
100 g Puderzucker
Saft und Abrieb von ½ Bio-Orange
300 g Mascarpone
150 g Quark
Mark von 1 Vanilleschote
200 ml Sahne
150 g Löffelbiskuits
Ca. 4 EL geraspelte weiße Schokolade

Wenn im Juni der süße Duft von Erdbeeren über den Wochenmarkt weht, ist genau der richtige Zeitpunkt für diesen rosaroten Traum. Ein Schichtdessert, das keine Wünsche offen lässt: Löffel rein, glücklich sein!

500 g der Beeren mit Amaretto, 50 g Puderzucker und Orangensaft pürieren. Die restlichen Erdbeeren fein würfeln und mit dem Orangenabrieb unter das Püree rühren.

Mascarpone mit Quark, dem restlichen Puderzucker und Vanillemark glatt rühren. Die Sahne steif schlagen und unter die Mascarponecreme heben. Den Boden einer Auflaufform mit Löffelbiskuits auslegen. Abwechselnd Erdbeerpüree, Mascarponecreme und Biskuits übereinanderschichten. Mit Mascarponecreme abschließen. Mindestens 1 Std. kalt stellen. Vor dem Servieren das Tiramisu mit weißer Schokolade bestreuen.

DONNERSTAG

NEUE GESCHMACKSERLEBNISSE

Donnerstag ist der gute Kumpel unter den Wochentagen. Wenn er kommt, stellt sich fröhliche Stimmung ein, tagsüber ist man so richtig im Flow, schafft zusammen viel weg, und abends kommt man ganz flott mal in leichten Feiermodus. Warum auch nicht, der größte Teil der Arbeit ist geschafft – nicht umsonst wird er auch „der kleine Freitag" genannt. Es steht also womöglich erst mal ein After-Work-Cocktail auf der Speisekarte. Kulinarisch gesehen nutzen wir die positive, experimentierfreudige Grundstimmung und lassen uns auf kleine Neuentdeckungen ein: Das können unbekannte Gewürze oder Gemüse sein, aber auch eine ungewöhnliche Zutatenkombination. Denn Donnerstag ist ein Knallertag!

SPAGHETTI MIT AVOCADOPESTO

ZUBEREITUNG: 20 MIN.
+ 10–12 MIN. GAREN

FÜR 4 PORTIONEN

2 ½ Avocados, geschält und entkernt
1 Bd. glatte Petersilie, grob gehackt
80 g Mascarpone
70 g Haselnusskerne, grob gehackt
1 Knoblauchzehe, geschält
Abrieb und 4 EL Saft von 1 Bio-Zitrone
40 g Parmesan, frisch gerieben
Meersalz
Frisch gemahlener schwarzer Pfeffer
200 g Kirschtomaten, geviertelt
1 rote Chilischote, entkernt und in
   feinen Streifen
1 TL weißer Balsamicoessig
1 EL Olivenöl
1 EL Butter
2 Scheiben Pumpernickel, zerbröselt
500 g Spaghetti

Die Avocado hat sich in den letzten Jahren zum Star der gesunden Küche gemausert und ist ein gern gesehener Gast in kühlen Köstlichkeiten wie Smoothies und Salaten. Zum Glück ist sie ein echtes Allroundtalent und macht sich auch als Pestozutat wunderbar!

Für das Pesto das Fruchtfleisch von 2 Avocados mit Petersilie, Mascarpone, 50 g Haselnüssen, Knoblauch, Zitronenabrieb und -saft cremig pürieren. Den Parmesan unterrühren und das Pesto mit Salz und Pfeffer abschmecken.

Das Fruchtfleisch der übrigen Avocadohälfte fein würfeln. Mit Tomaten und Chili in eine Schüssel geben, Essig und Öl darüberträufeln und alles behutsam vermengen. Die Butter in einer kleinen Pfanne zerlassen und die Pumpernickelbrösel mit den restlichen Nüssen darin knusprig anbraten. Vom Herd nehmen und mit etwas Salz und Pfeffer würzen.

Die Spaghetti in kochendem Salzwasser bissfest garen. 2 EL Kochwasser abnehmen und unter das Pesto rühren. Die Nudeln abgießen, mit dem Pesto in den Topf geben und gründlich vermischen. Auf Tellern anrichten und die Avocado-Tomaten-Mischung darauf verteilen. Mit Pumpernickelbröseln und Nüssen bestreut servieren.

TIPP

Die Avocado-Pasta eignet sich nicht zum Aufwärmen, denn die Avocado wird dann bitter. Als Pasta-Salat schmeckt dieses Gericht aber auch kalt.

INGWER-HÄHNCHEN MIT KOKOS-REIS

ZUBEREITUNG: 40 MIN.
+ 30 MIN. MARINIEREN

FÜR 4 PORTIONEN

Je 1 Bio-Limette und Bio-Zitrone

4 Hähnchenbrustfilets à 150 g, in 2 cm
   großen Würfeln

1 Stück Ingwer (3 cm), fein gehackt

1 rote Chilischote, entkernt und in
   Ringen

2 EL Sesamöl

1 EL Akazienhonig

Meersalz

1 EL Kokosraspel

4 Stängel Koriander, Blättchen
   abgezupft

Für den Reis

300 g Basmatireis

½ TL Meersalz

180 ml Kokosmilch

2 Gewürznelken

1 Zimtstange

½ TL gemahlene Kurkuma

1 Stück Ingwer (2 cm), in feinen
   Scheiben

4 Kaffirlimettenblätter

Kleiner Urlaub gefällig? Die wunderbare Kokosnuss nimmt uns ganz fix mit auf eine Reise in ferne Länder, allein ihr Duft befördert uns gedanklich schon in die Hängematte unter Palmen. Und mit einer ordentlichen Portion Chili und Ingwer wird uns auch ganz schnell warm ums Herz ...

Die Limette und die Zitrone heiß abwaschen. Die Schale jeweils dünn abschneiden (ohne die bittere weiße Haut) und die Früchte auspressen. Das Fleisch mit den Zitrusschalen und dem -saft, Ingwer und Chili in einer Schüssel vermengen. Mit Folie abdecken und für 30 Min. im Kühlschrank marinieren.

Den Reis unter fließendem kaltem Wasser waschen, bis das Wasser klar bleibt. Abtropfen lassen und mit allen weiteren Zutaten und 350 ml Wasser in einen Topf geben. Einmal umrühren, aufkochen lassen und zugedeckt bei niedriger Temperatur in 12 Min. garen. Vom Herd nehmen und 10 Min. ruhen lassen.

Das Fleisch mit einem Schaumlöffel aus der Marinade heben, die Zitrusschalen entfernen. Einen Wok stark erhitzen und das Fleisch im heißen Öl portionsweise rundherum kräftig anbraten. Mit Honig beträufeln und in 3 – 4 Min. karamellisieren lassen. Mit Salz würzen. Den Reis mit einer Gabel auflockern, Limettenblätter, Nelken und Zimtstange entfernen.

Den Reis auf Teller verteilen, das Hähnchenfleisch darauf anrichten und mit Kokosraspeln und Korianderblättchen garniert servieren.

KOCHKÄS-BURGER MIT „MUSIK"

ZUBEREITUNG: 30 MIN.
+ 3 STD. RUHEN

FÜR 2 BURGER

Für den Kochkäs

250 g Quark (20 %)

1 gestr. TL Natron

125 g Butter, gewürfelt

200 ml Sahne

200 g Harzer Käse, grob gewürfelt

Für die „Musik" (eingelegte Zwiebeln)

3 EL Sonnenblumenöl

½ EL Weißweinessig

1 EL trockener Weißwein

Meersalz

Frisch gemahlener schwarzer Pfeffer

1 rote Zwiebel, halbiert und in
  Scheiben

Für den Burger

400 g Rinderhackfleisch

1 TL Dijon-Senf

½ TL Chiliflocken, zerstoßen

½ TL geräuchertes Paprikapulver

1 Prise frisch geriebene Muskatnuss

Meersalz

Frisch gemahlener schwarzer Pfeffer

2 Burgerbrötchen

2 Salatblätter

Hochstapler aufgepasst: Mit herzhaftem Kochkäs und einge-legten Zwiebeln gehört dieser Burger eindeutig zur Kategorie Foodporn und lässt uns am Donnerstag ganz schnell vergessen, dass uns noch ein Tag vom langersehnten Wochenende trennt ... Einfach genießen!

Den Quark mit Natron glatt rühren und abgedeckt 3 Std. reifen lassen. Butter mit Sahne bei niedrigster Temperatur erwärmen. Käse zugeben und unter Rühren schmelzen. Quark einrühren und den Kochkäs bis zum Gebrauch kalt stellen.

Für die „Musik" Öl, Essig, Wein, Salz und Pfeffer verquirlen, die Zwiebel damit übergießen und 1 Std. ziehen lassen.

Den Grill vorheizen. Das Hackfleisch mit Senf, Chili, Paprika, Mus-kat, Salz und Pfeffer würzen. 2 Pattys formen und ca. 4 Min. von jeder Seite grillen. Brötchen mit der Schnittseite nach unten kurz anrösten. Die unteren Brötchenhälften mit je einem Salatblatt und einem Patty belegen. Kochkäs und zum Schluss Zwiebelsscheiben darauf verteilen und die zweite Brötchenhälfte daraufsetzen.

TIPP

Der übrige Kochkäs schmeckt toll mit etwas
Kümmel auf kräftigem Bauernbrot.

BLUMENKOHLSALAT MIT SESAM

ZUBEREITUNG: 20 MIN.
+ 30 MIN. GAREN

FÜR 4 PORTIONEN

1 mittelgroßer Blumenkohl
Meersalz
Je ½ TL gemahlene Kurkuma und
  Kreuzkümmel
6 EL Olivenöl
Frisch gemahlener schwarzer Pfeffer
1 EL Kokosöl
2 Schalotten, in Ringen
250 g Kichererbsen (Dose), abgetropft
1 Bd. glatte Petersilie, Blättchen fein
  gehackt
½ Bd. Minze, Blättchen fein gehackt
30 g Sesamsamen
1 Granatapfel
Abrieb und Saft von 1 Bio-Zitrone
2 EL Agavendicksaft
Je ½ TL gemahlener Zimt und Piment
75 g Tahini (Sesammus)
125 g Joghurt
1 TL Sumach
1 Prise Cayennepfeffer

Wer möchte mit auf einen kleinen Trip in den Orient? Bitte jetzt einsteigen, denn dieser aromatische Blumenkohlsalat verzaubert genauso wie die Geschichten aus 1001 Nacht.

Den Backofen auf 200 °C vorheizen. Den Blumenkohl in Röschen teilen und in kochendem Salzwasser mit Kurkuma und Kreuzkümmel 3 Min. blanchieren. Abgießen und gut abtropfen lassen. In 3 EL Olivenöl wenden, salzen und pfeffern und auf einem mit Backpapier ausgelegten Blech im Ofen in ca. 25 Min. goldbraun rösten. Herausnehmen und abkühlen lassen.

Kokosöl in einer Pfanne erhitzen, die Schalotten darin bei hoher Hitze kross braten. Den Blumenkohl in eine große Schüssel geben, mit Kichererbsen, der Hälfte der Petersilie, Minze, Sesam und den Schalotten vermischen.

Den Granatapfel halbieren. In einer Schüssel mit kaltem Wasser in Stücke brechen und die Kerne herauslösen. Oben schwimmende Häutchen und Schalen entfernen und die Kerne durch ein Sieb abgießen. Beiseitestellen.

Das restliche Olivenöl mit Zitronenabrieb und -saft, Agavendicksaft, Zimt, Piment und 1 EL Tahini verrühren. Mit Salz und Pfeffer abschmecken. Zum Salat geben und gründlich vermengen. Den Joghurt mit dem restlichen Tahini, Sumach, Cayennepfeffer und etwas Salz verrühren. Über dem Salat verteilen. Mit Petersilie und Granatapfelkernen bestreut servieren.

Kerm: 1+   Julia: Nicht 1+

DO

APFEL-ZWIEBEL-QUICHE

ZUBEREITUNG: 20 MIN.
+ 30 MIN. KÜHLEN
+ 50 MIN. BACKEN

FÜR 1 QUICHE (Ø 28 CM)

Für den Boden

200 g Mehl + etwas für die
    Arbeitsfläche
100 g kalte Butter, gewürfelt
50 ml kaltes Wasser
1 Prise Meersalz

Für den Belag

2 EL Butter
500 g Zwiebeln, in Ringen
Meersalz
Frisch gemahlener schwarzer Pfeffer
400 g Äpfel, entkernt und in feinen
    Spalten
100 g Gorgonzola, gewürfelt
2 EL Mohnsamen
2 Zweige Thymian, Blättchen fein
    gehackt
300 g Crème fraîche
3 Eier

Außerdem

300 g Hülsenfrüchte zum Blindbacken

Der deftige und gleichzeitig süßsäuerliche Belag dieser Quiche kommt bei Groß und Klein gut an, das macht diesen herzhaften Kuchen, gepaart mit einem schönen frischen Salat, zu einem wunderbaren Familiengericht.

Für den Boden alle Zutaten zügig mit den Fingerspitzen vermengen und zu einem glatten Teig verarbeiten. Auf der bemehlten Arbeitsfläche ausrollen und eine Tarteform damit auskleiden. 30 Min. kalt stellen.

Den Backofen auf 180 °C vorheizen. Den Teig mit Backpapier und Hülsenfrüchten belegen und 10 Min. blindbacken. Das Backpapier und die Hülsenfrüchte entfernen und den Teigboden 2 Min. weiterbacken. Aus dem Ofen nehmen.

Für den Belag die Butter in einer großen Pfanne zerlassen und die Zwiebeln darin etwa 20 Min. dünsten. Kräftig mit Salz und Pfeffer abschmecken. Mit Äpfeln, Käse, ½ EL Mohn und Thymian mischen. Die Crème fraîche mit den Eiern verquirlen, die Hälfte davon mit der Apfelmischung vermengen und auf dem Tarteboden verteilen, den Rest darübergießen. Die Quiche mit dem übrigen Mohn bestreuen und auf der untersten Schiene in ca. 40 Min. fertig backen.

SO SCHMECKT'S AUCH

Der Gorgonzola kann durch entrindeten Camembert oder einen anderen gut schmelzenden Lieblingskäse ersetzt werden.

FRITTIERTER SPARGEL MIT KRÄUTER-DIP

ZUBEREITUNG: 25 MIN.
+ CA. 15 MIN. GAREN UND
FRITTIEREN

FÜR 2–4 PORTIONEN

Für den Spargel

500 g weißer Spargel, küchenfertig
Meersalz
1 EL Butter
1 TL Zucker

Für den Kräuter-Dip

300 g griechischer Joghurt
Je 2 Stängel Petersilie und Dill,
   fein gehackt
1 Stängel Minze, Blättchen fein gehackt
Saft von ½ Bio-Zitrone
1 EL Honig
Meersalz

Für die Panade

50 g Mehl
1 TL gemahlener Ingwer
½ TL Cayennepfeffer
½ TL gemahlener Kreuzkümmel
Meersalz
2 Eier
Abrieb von ½ Bio-Zitrone
5 EL Semmelbrösel
2 EL Sesamsamen
Öl zum Frittieren

Herrlich knusprig und schön frisch zeigt sich das Königsgemü-se hier von einer ganz neuen Seite. Statt der klassischen Sauce hollandaise gibt es einen frischen Kräuter-Dip dazu.

Den Spargel in kochendem Salzwasser mit Butter und Zucker ca. 12 Min. garen, behutsam herausnehmen und abkühlen lassen.

Joghurt mit Kräutern, Zitronensaft, Honig und 1 Prise Salz glatt rühren.

Mehl, Ingwer, Cayennepfeffer, Kreuzkümmel und 1 große Prise Salz in einem tiefen Teller mischen. Die Eier mit dem Zitronenabrieb in einem zweiten Teller verquirlen. Semmelbrösel und Sesam in einen weiteren Teller geben. Den Spargel in der Mehlmischung wenden, durch das Ei ziehen und durch die Bröselmischung rollen. Die Panade vorsichtig andrücken.

Das Öl ca. 2 cm hoch in eine Pfanne geben und erhitzen, die Spargelstangen darin ausbacken und auf Küchenpapier abtropfen lassen. Mit Kräuter-Dip servieren.

BROKKOLI-QUINOA-BRATLINGE

ZUBEREITUNG: 30 MIN.

FÜR CA. 16 BRATLINGE

Für die Bratlinge

100 g bunte Quinoa

Meersalz

250 g Brokkoli, fein gehackt

4 EL Öl

1 Schalotte, fein gehackt

½ Apfel, sehr fein gehackt

2 Frühlingszwiebeln, fein gehackt

½ TL Kümmel

Ca. 3 EL Semmelbrösel

50 g Gouda, grob gerieben

½ TL Abrieb von 1 Bio-Zitrone

5 Stängel Blattpetersilie, fein gehackt

Je 1 Msp. Muskat und Cayennepfeffer

1 Ei

Frisch gemahlener schwarzer Pfeffer

Für den Radieschen-Quark

400 g Magerquark

6 Radieschen, fein gewürfelt

4 EL Joghurt

Je ½ Bd. Schnittlauch, Dill und
  Blattpetersilie, fein gehackt

1 Knoblauchzehe, gepresst

1 TL Zitronensaft

1 TL Meerrettich

½ TL flüssiger Honig

Meersalz und Pfeffer

Kresse zum Bestreuen

In Kombination mit proteinreicher Quinoa verwandelt sich der Brokkoli im Handumdrehen zu diesen grünen Power-Bratlingen. Dazu passen Kartoffeln und ein frischer Salat.

Für den Radieschen-Quark alle Zutaten bis auf die Kresse in einem Schälchen verrühren, mit Salz und Pfeffer abschmecken und abgedeckt kalt stellen.

Für die Bratlinge die Quinoa mit ca. 200 ml Salzwasser in einem Topf aufkochen und 10 Min. garen. Den Brokkoli zugeben und alles weitere 4 Min. köcheln lassen, bis die Flüssigkeit verdampft ist. Vom Herd nehmen und etwas abkühlen lassen.

In einer kleinen Pfanne 1 EL Öl erhitzen und die Schalotte darin anbraten. Den Apfel zugeben und 1 Min. mitbraten. Frühlingszwiebeln und Kümmel untermischen, kurz mitgaren und zum Brokkoli geben. Alle weiteren Zutaten bis auf das restliche Öl ebenfalls unterheben. Die Masse kräftig mit Salz und Pfeffer abschmecken und 10 Min. ziehen lassen. Evtl. etwas mehr Semmelbrösel zugeben, falls die Mischung zu wässrig ist.

Das restliche Öl in einer großen Pfanne erhitzen. Die Brokkoli-Quinoa-Mischung zu ca. 16 Bratlingen formen, hineingeben und bei mittlerer Hitze pro Seite ca. 3 Min. braten. Auf Küchenpapier abtropfen lassen.

Den Dip mit Kresse bestreuen und zu den Bratlingen reichen.

TIPP

Wenn das Gemüse sehr fein gehackt wird (z. B. mit dem Blitzhacker), lässt sich die Masse besonders gut zu Bratlingen formen.

AVOCADO-WRAP MIT SESAMLACHS

ZUBEREITUNG: 40 MIN.

FÜR 4 PORTIONEN

Für die Creme

100 g Frischkäse

2 EL Joghurt

1 EL Limettensaft

4 Stängel Koriander, fein gehackt

½ TL Chiliflocken

Meersalz

Für den Lachs

2 Lachsfilets à 100 g

Je 1 EL Avocadoöl und Ahornsirup

½ TL Meersalz

Je 1 Prise gemahlener Ingwer und Zimt

2 EL helle Sesamsamen

1 TL schwarze Sesamsamen

Für die Wraps

4 Weizentortillas

1 Handvoll Sprossen nach Wahl

2 Avocados, geschält und in Spalten

1 kleine Mango, geschält und in Spalten

100 g Salatgurke, in dünnen Scheiben

½ rote Zwiebel, in dünnen Ringen

1 rote Chilischote, entkernt und in
   feinen Streifen

16 Basilikumblätter

Die Vorbereitung der bunten Zutaten für diesen leckeren Wrap im Asia-Style dauert zwar ein Weilchen, dafür ist er aber anschließend turboschnell belegt – ob zu Hause, im Büro oder auf der Picknickdecke.

Für die Creme alle Zutaten glatt rühren und abgedeckt kalt stellen.

Die Lachsfilets der Länge nach halbieren. Das Öl mit Ahornsirup, Salz, Ingwer und Zimt verrühren und die Filets damit einreiben. Den Sesam auf einen Teller streuen, den Lachs daraufsetzen und andrücken. Eine Pfanne erhitzen und den Lachs mit der Sesamseite nach unten bei mittlerer Hitze ca. 3 Min. anbraten, wenden und in 1 Min. fertig braten. Vom Herd nehmen.

Die Tortillas mit der Creme bestreichen und mit Sprossen bestreuen. Mit Lachs, Avocado, Mango und Gurke belegen. Zwiebel, Chili und je 4 Basilikumblätter darauf verteilen. Den Teigrand am unteren Ende über die Füllung schlagen, die Tortillas von der Seite her fest aufrollen und sofort genießen.

SO SCHMECKT'S AUCH

Der Lachs kann durch Hähnchenbruststreifen ersetzt werden. Wer auf die Weizentortillas verzichten möchte, kann stattdessen auch große Kopfsalat-Blätter verwenden.

FREITAG

AUF INS WOCHENENDE

Auf die Plätze, fertig, Freitaaaag! Wir jubeln einerseits und sind andererseits ein wenig geschafft, denn so eine Arbeitswoche geht nicht spurlos an einem vorbei. Viele freuen sich freitags aber auch über einen etwas früheren Feierabend. Zu dieser Stimmung „schneller zu Hause, aber groggy von der Woche" passen Gerichte gut, die zwar etwas länger marinieren, schmoren oder köcheln dürfen, aber ansonsten Hands-off-Mentalität erlauben und deren Zubereitung hauptsächlich von Ofen und Co. erledigt wird. Wir legen dann schon mal die Beine hoch.

ENERGIE-BÄLLCHEN MIT MATCHA

ZUBEREITUNG: 15 MIN.

FÜR 20 KLEINE BÄLLCHEN

30 g Kokosraspel

130 g Medjoul-Datteln, entkernt

2 EL Kokoscreme

50 g Cashewkerne, fein gehackt

1 EL Kakaopulver

1 ½ TL Matcha-Pulver

3 TL Kokosblütensirup (alternativ
Ahornsirup)

1 kleine Prise Meersalz

Außerdem

Matcha-Pulver oder 2 EL Kokosraspel
zum Bestäuben bzw. Wälzen

Diese kleinen Energiebündel mit Hallo-wach-Garantie helfen uns, den Freitagsendspurt mit einem Lächeln auf den Lippen zu meistern – und dann heißt es: „Ab ins Wochenende!"

Die Kokosraspel in einer kleinen Pfanne ohne Fett goldgelb rösten. Abkühlen lassen. Die Datteln im Blitzhacker pürieren. Alle weiteren Zutaten und die Kokosraspel zugeben und im Standmixer zu einer homogenen Masse vermengen. Mit einem Teelöffel kleine Portionen abstechen und mit den Händen zu Kugeln formen.

Nach Belieben mit Matcha-Pulver bestäuben oder in Kokosraspeln wälzen.

TIPP

Medjoul-Datteln sind in marokkanischen, türkischen oder in Bio-Supermärkten erhältlich, manchmal auch auf dem Wochenmarkt. Es lohnt sich wirklich, nach diesen prächtigen Wüstenjuwelen Ausschau zu halten, denn sie sind besonders köstlich. Ersatzweise können auch kleine Datteln verwendet werden, diese sollten aber vor dem Pürieren gehackt und in etwas Wasser eingeweicht werden.

TOMATEN-HUHN-SCHMORTOPF

ZUBEREITUNG: 25 MIN.
+ 1 ½ STD. GAREN

FÜR 4–6 PORTIONEN

Für den Schmortopf

3 EL Olivenöl

1 Zwiebel, fein gehackt

6 Hühnerschenkel

Meersalz

Frisch gemahlener schwarzer Pfeffer

1 rote Chilischote, entkernt und fein
   gehackt

500 g Spinat, Stiele entfernt

2 Stangen Staudensellerie, in Scheiben

500 g Kirschtomaten

400 g stückige Tomaten (Dose)

10 schwarze Oliven

4 Knoblauchzehen, geschält

1 Handvoll Basilikumblättchen

1 EL getrockneter Oregano

Ca. 50 g Pinienkerne

Für die Kartoffeln

1 kg kleine junge Kartoffeln

4 EL Olivenöl

1 TL Meersalz

1 gestr. EL Kräuter der Provence

Außerdem

Basilikumblättchen zum Servieren

„Seelenfutter" ist der zweite Vorname dieses Schmorhühnchens, das alle unsere Lieben erfreut, wenn wir am Ende der Woche etwas ausgepowert gemeinsam am Tisch sitzen. Die Vorbereitung geht recht fix, und die Zeit, in der der Ofen seine Arbeit verrichtet, nutzen wir, um in gemütliche Klamotten zu schlüpfen und mit einem kleinen Aperitif das Wochenende einzuläuten. Cheers!

Den Backofen auf 180 °C vorheizen.

1 EL Öl in einem Bräter erhitzen und die Zwiebel darin andünsten. Die Hühnerschenkel salzen und pfeffern. Zu der Zwiebel geben und rundherum anbraten. Alle übrigen Zutaten bis auf die Pinienkerne in einer Schüssel vermischen und zwischen den Hühnerschenkeln verteilen. Alles mit dem restlichen Öl beträufeln und im Ofen ca. 1 ½ Std. schmoren. Zwischendurch einmal durchrühren.

Nach 1 Std. die Kartoffeln gründlich waschen, gut abtrocknen und ungeschält in Öl, Salz und Kräutern wenden. Auf einem mit Backpapier belegten Blech verteilen und ca. 25 Min. mitbacken.

Die Pinienkerne in einer Pfanne ohne Fett rösten. Das Hühnchen mit Salz und Pfeffer abschmecken und zum Servieren mit Pinienkernen und Basilikumblättchen bestreuen. Die Ofenkartoffeln dazu reichen.

SO SCHMECKT'S AUCH

Nach Belieben können auch 1 Handvoll Pfifferlinge mitgegart werden. Und wenn es mal etwas Ausgefallenes sein darf, kann man statt Hühnerschenkeln auch Kaninchenfleisch verwenden.

TIPP

Zum Schmortopf passen statt Kartoffeln auch Reis,
Polenta oder Couscous.

ZITRONENKABELJAU MIT MÖHREN

ZUBEREITUNG: 20 MIN.
+ 2 STD. MARINIEREN
+ 40 MIN. GAREN

FÜR 4 PORTIONEN

150 ml Zitronensaft

1 TL Abrieb von ½ Bio-Zitrone

100 ml Olivenöl

½ Bd. Petersilie, fein gehackt

2 Lorbeerblätter, zerbröselt

½ Zweig Thymian, Blättchen
  abgezupft

Meersalz

Frisch gemahlener schwarzer Pfeffer

4 Kabeljaufilets (à 150 g)

250 g Wildreis

2 Schalotten, in Ringen

4 Möhren, geraspelt

Fisch gehört zum Freitag wie Schneewittchen zu den sieben Zwergen und kommt daher auch hier auf die Tellerchen. Der Kabeljau ist schnell gemacht, sollte aber rechtzeitig mariniert werden. Die angegebene Dauer kann nach Belieben auch um mehrere Stunden verlängert werden, z. B. von morgens bis zur Mittagszeit.

In einer Auflaufform den Zitronensaft mit Zitronenabrieb, Öl, Petersilie, Lorbeer, Thymian, 1 TL Salz und Pfeffer mischen. Die Fischfilets darin 2 Std. im Kühlschrank marinieren, nach 1 Std. wenden.

Den Reis gründlich waschen. In einen Topf geben und mit der doppelten Menge Salzwasser bedecken. Zum Kochen bringen und abgedeckt bei niedriger Hitze ca. 35 Min. köcheln lassen.

Den Fisch aus der Marinade nehmen und die Schalotten und Möhren ca. 10 Min. in der Marinade ziehen lassen. Eine Pfanne erhitzen und den Fisch darin bei mittlerer Hitze von beiden Seiten je 3 Min. anbraten. Auf einem Teller beiseitestellen. Die Möhren-Schalotten-Mischung abgießen und in der gesäuberten Pfanne bei mittlerer Hitze ca. 10 Min. garen. Den Fisch zufügen, mit Möhren bedecken und 3 – 5 Min. mitgaren. Auf Tellern anrichten und mit dem Reis servieren.

LACHS-SPIESSE MIT THAI-GURKENSALAT

ZUBEREITUNG: 30 MIN.
+ 1 STD. MARINIEREN

FÜR 10 SPIESSE

Für die Spieße

2 grüne Chilischoten, entkernt und
   sehr fein gehackt

5 Frühlingszwiebeln, fein gehackt

1 Bd. Koriander, sehr fein gehackt

1 EL Fischsoße

Abrieb und Saft von 2 Bio-Limetten

400 ml Kokosmilch

1 Prise Meersalz

1 TL Zucker

1 kg Lachsfilet, in 4 cm großen Würfeln

10 Holzspieße

Für den Salat

3 EL Reisessig

Je 1 EL Akazienhonig, süßsaure
   Chilisoße und Sesamöl

2 EL Sonnenblumenöl

Meersalz

1 rote Zwiebel, in dünnen Ringen

1 EL Kokosöl

4 Knoblauchzehen, in feinen Scheiben

2 Salatgurken, geschält, entkernt und
   in Scheiben

1 rote Chilischote, entkernt und in
   feinen Ringen

150 g ungesalzene geröstete Erdnüsse

½ Bd. Koriander, Blättchen abgezupft

Ob Dachterrasse, Garten oder Balkonien – nichts befördert uns verlässlicher in Feierabendstimmung als ein duftender Holzkohlegrill. Und hier kommt das passende Rezept dazu!

Für die Spieße Chilis, Frühlingszwiebeln und Koriander mit Fischsoße, Limettenabrieb und -saft sowie Kokosmilch vermengen. Mit Salz und Zucker würzen und nach Belieben cremig pürieren. Die Lachswürfel mit der Marinade in einen Gefrierbeutel geben, verschließen und alles gut vermischen. Ca. 1 Std. im Kühlschrank ziehen lassen.

Für den Salat zunächst Essig, Honig, Chilisoße, Sesam- und Sonnenblumenöl verquirlen, mit Salz würzen. Die Zwiebelringe darin 1 Std. marinieren.

Das Kokosöl in einer kleinen Pfanne zerlassen und den Knoblauch darin goldbraun und knusprig rösten. Herausnehmen und auf Küchenpapier abtropfen lassen. Die Gurken in einer Schüssel mit dem Dressing, Zwiebelringen, Chili, Erdnüssen, Koriander und Knoblauch vermengen. Mit Salz abschmecken.

Den Holzkohlegrill anheizen. Die Holzspieße 30 Min. in kaltem Wasser einweichen. Jeweils 3 – 4 Fischstücke auf einen Spieß stecken. Auf dem sehr heißen Grill in ca. 5 Min. garen und mit dem Gurkensalat servieren.

SO SCHMECKT'S AUCH

Wenn gerade keine Grillsaison ist, kann man die Spieße in einer gut vorgeheizten Grillpfanne braten. Das Gericht lässt sich aber auch im Handumdrehen umwandeln in eine Art grünes Curry: Einfach den Lachs mitsamt Marinade in eine Pfanne geben und den Fisch bei mittlerer Hitze gar ziehen lassen. Wer mag, ergänzt noch ein paar Brokkoliröschen. Dazu ein wenig Basmatireis und fertig ist das grüne Lachs-Curry!

SPAGHETTI MIT AUBERGINEN-TOMATEN-SOSSE

ZUBEREITUNG: 30 MIN.
+ 50 MIN. GAREN

FÜR 4 PORTIONEN

2 kleine Auberginen, in 2 cm großen
    Würfeln
Meersalz
2 kg Tomaten
Frisch gemahlener schwarzer Pfeffer
8 EL Olivenöl
6 Knoblauchzehen, fein gehackt
500 g Spaghetti
2 Stängel Basilikum, Blättchen gehackt
2 TL getrockneter Oregano
300 g Mozzarella, gewürfelt
2 TL Kapern, abgespült und abgetropft
    (nach Belieben)

Pasta und Freitag – eine unschlagbare Kombination! Die sizilianisch anmutende Soße voller Röstaromen gart zwar etwas länger im Ofen, lässt sich aber bestens im Voraus zubereiten. Dann hat man sie wie ein Pesto schnell zur Hand. Sie hält sich im Kühlschrank ca. 1 Woche.

Zwei Backbleche mit Backpapier belegen. Die Auberginenwürfel mit Salz bestreuen und 30 Min. in einem Sieb abtropfen lassen.

Den Backofen auf 190 °C vorheizen. Die Tomaten nach Belieben von der Schale befreien. Dafür kreuzweise einschneiden, in eine Schüssel legen und mit kochendem Wasser übergießen. Nach 1 Min. herausnehmen, abschrecken, enthäuten und halbieren. Die Tomaten mit Salz, Pfeffer und 3 EL Öl würzen. Mit der Schnittfläche nach oben auf ein Backblech legen und 50 Min. rösten (kleine Tomaten nur ca. 40 Min. rösten).

Die Auberginen abtrocknen, im restlichen Öl wenden und auf das zweite Blech geben. Den Knoblauch auf den Tomaten verteilen. Die Auberginen über die Tomaten in den Ofen schieben und alles zusammen weitere 30 Min. backen.

Die Spaghetti in Salzwasser bissfest garen. Tomaten und Auberginen mit ausgetretenem Saft, Basilikum und Oregano in einen Topf geben, mit einer Gabel zerkleinern, aufkochen, salzen und pfeffern. Die Nudeln abgießen und mit der Soße mischen. Mit Mozzarellawürfeln und nach Belieben mit Kapern bestreut servieren.

SO SCHMECKT'S AUCH
Da die Auberginen-Tomaten-Soße recht stückig bleibt, kann man sie wunderbar auch abgekühlt, vielleicht mit ein paar Oliven, auf gerösteten Baguettescheiben servieren.

OFENKARTOFFELN MIT AVOCADO-CREME

ZUBEREITUNG: 15 MIN.
+ 10 MIN. GAREN
+ 1 STD. BACKEN

FÜR 4 PORTIONEN

Für die Ofenkartoffeln

4 große Kartoffeln
Meersalz
60 g weiche Butter
2 Knoblauchzehen, gepresst

Für die Creme

2 Avocados, geschält und entkernt
Saft von ½ Zitrone
100 g Crème fraîche
1 rote Paprikaschote, entkernt und in
  feinen Würfeln
8 Kirschtomaten, in kleinen Stücken
½ rote Chilischote, entkernt und fein
  gehackt
2 Frühlingszwiebeln, in feinen Ringen
3 Stängel Basilikum, fein gehackt
5 Stängel glatte Petersilie, fein gehackt
1 Knoblauchzehe, sehr fein gehackt
Meersalz
Frisch gemahlener schwarzer Pfeffer

Außerdem

Je 2 EL Sonnenblumenkerne und
  Kürbiskerne
1 EL Pinienkerne

Kartoffel-Liebhaber aufgepasst: Mit einer ultrafrischen Avocado-Creme, vielen leckeren Kräutern und Knusperkernen hat dieses Rezept genau die richtigen Zutaten, um die Woche entspannt ausklingen zu lassen.

Den Backofen auf 180 °C vorheizen. Die Kartoffeln in kochendem Salzwasser 10 Min. vorgaren. Die Butter mit Knoblauch und ½ TL Salz glatt rühren. Die Kartoffeln abgießen, auf 4 Stücke Alufolie legen und die Knoblauchbutter darauf verteilen. Zu Päckchen verschließen und je nach Größe in 30—60 Min. weich backen.

Das Avocadofruchtfleisch mit einer Gabel grob zerkleinern. Mit Zitronensaft und Crème fraîche vermengen. Die restlichen Zutaten unterheben, salzen und pfeffern. Die Kerne in einer Pfanne ohne Fett anrösten und beiseitestellen.

Die Kartoffeln aus dem Ofen nehmen. Die Alufolie öffnen und die Kartoffeln in der Folie kreuzweise einritzen, leicht auseinanderdrücken und kurz ausdampfen lassen. Jeweils 1 ½ EL Avocado-Creme daraufgeben und mit Kernen bestreut servieren.

SO SCHMECKT'S AUCH

Die Creme schmeckt auch prima auf Süßkartoffeln. Dafür die gewaschenen Knollen mit einer Gabel einige Male einstechen und ohne Vorgaren wie oben beschrieben im Ofen in ca. 50 Min. weich backen.

KÜRBIS-KARTOFFEL-SUPPE

ZUBEREITUNG: 30 MIN.
+ 20 MIN. GAREN

FÜR 4–6 PORTIONEN

1 ½ TL gemahlener Kardamom
1 TL gemahlener Piment
1 TL Ahornsirup
4 EL Olivenöl
Meersalz
800 g Butternusskürbis, entkernt und
   in Würfeln
2 getrocknete Chilischoten
2 Stangen Lauch, in Ringen
400 g mehligkochende Kartoffeln,
   in Würfeln
1 ½ l Gemüsebrühe
Saft und Abrieb von 1 Bio-Limette
150 g griechischer Joghurt
30 g Tahini (Sesammus)
½ Bd. Koriander, Blättchen abgezupft
1 grüne Chilischote, entkernt und in
   Ringen

Fröhliches Kürbisorange, das uns entgegenstrahlt wie die warme Herbstsonne, weckt selbst an trüben Tagen ein wohliges Gefühl. Steigern lässt sich diese Wirkung, wenn man der schönen Farbe Kardamom zur Seite stellt, denn das Gewürz soll wärmende und stimmungsaufhellende Kraft haben.

Den Backofen auf 200 °C vorheizen. Kardamom mit Piment, Ahornsirup, 2 EL Öl und 1 TL Salz mischen. Den Kürbis auf einem mit Backpapier ausgelegten Blech verteilen, mit dem Gewürzöl beträufeln und in ca. 15 Min. im Ofen weich garen.

In einem großen Topf das übrige Öl erhitzen und die getrockneten Chilis darin rösten. Den Lauch zugeben und unter Rühren bei mittlerer Hitze 5 Min. andünsten. Die Kartoffeln untermengen und kurz mitdünsten. Die Gemüsebrühe zugießen und alles 10 Min. köcheln lassen. Den Kürbis zufügen und die Suppe ca. 5 Min. weitergaren, bis die Kartoffeln weich sind. Die Chilischoten entfernen, die Suppe pürieren. Mit Salz und Limettensaft abschmecken, dabei 1 TL Saft zurückbehalten.

Den Joghurt mit Tahini, dem restlichen Limettensaft und Limettenabrieb verrühren. Die Suppe auf Schalen verteilen, mit der Joghurtsoße beträufeln und mit Koriander und Chili bestreut servieren.

SO SCHMECKT'S AUCH
Die Kartoffeln können durch 200 g rote Linsen ersetzt werden, dann ist die Suppe sogar noch flotter auf dem Tisch, denn das Schälen und Würfeln entfällt.

WEISSE PIZZA MIT CHILI-HONIG

ZUBEREITUNG: 25 MIN.
+ 1 STD. RUHEN
+ 15 MIN. BACKEN

FÜR 2 PIZZEN (Ø 30 CM)

Für den Teig

300 g Mehl + etwas für die
  Arbeitsfläche
1 EL Hartweizengrieß
½ Würfel frische Hefe (20 g), zerbröselt
180 ml lauwarmes Wasser
2 EL Olivenöl + etwas für das Blech
1 TL Meersalz
1 Prise Zucker

Für den Belag

2 EL Olivenöl
1 kleine Knoblauchzehe, gepresst
20 g Parmesan, frisch gerieben
125 g Mozzarella, gewürfelt
50 g Taleggio, gewürfelt
50 g Gorgonzola, gewürfelt
50 g Pecorino, grob gerieben
20 g Pinienkerne
2 TL Akazienhonig
½ TL Chiliflocken, zerstoßen
2 Zweige Thymian, Blättchen
  abgezupft

Knuspriger Teigboden und geschmolzener Käse – allein die Aussicht auf diesen Hochgenuss macht schon Appetit. Ihr wahres Potenzial zeigt diese weiße Pizza aber erst zusammen mit dem feurigen Chili-Honig …

Die Teigzutaten in eine Schüssel geben und mit den Knethaken des Handrührgeräts oder mit den Händen in 5 Min. zu einem glatten Teig verkneten. Abgedeckt an einem warmen Ort ca. 1 Std. gehen lassen.

Den Backofen auf 220 °C vorheizen. Den Teig halbieren und jeweils auf der bemehlten Arbeitsfläche rund ausrollen. Auf ein gefettetes Backblech legen.

Für den Belag Öl mit Knoblauch und Parmesan vermischen und auf dem Teig verstreichen. Alle Käsesorten und die Pinienkerne darauf verteilen. Honig mit Chili vermischen und beiseitestellen. Die Pizza im heißen Backofen in ca. 15 Min. goldgelb backen. Mit Thymianblättchen bestreuen und mit Chili-Honig beträufelt servieren.

TIPP

Den Hefeteig kann man auch morgens vorbereiten
und im Kühlschrank gehen lassen, dann geht es abends
umso fixer.

SAMSTAG

GEMEINSAM GENIESSEN

Samstag, du Lieblingskind der Woche, endlich bist du da! Heute dreht sich alles um mitnahmetaugliches Essen, das sich gut vorbereiten lässt und problemlos viele Gäste glücklich macht. Sättigende Salate, Partysnacks und kräftige Suppen, die auch um Mitternacht noch gut schmecken. Picknick, Party, prima Essen – los geht's!

ZIMT-KARDAMOM-SCHNECKEN

ZUBEREITUNG: 30 MIN.
+ 1 STD. 20 MIN. RUHEN
+ 12 MIN. BACKEN

FÜR CA. 18 STÜCK

Für den Teig

220 ml Milch
½ TL gemahlener Kardamom
60 g Butter, gewürfelt
½ Würfel frische Hefe (20 g)
1 Ei, verquirlt
500 g Mehl + etwas für die
   Arbeitsfläche
60 g Rohrohrzucker
1 Prise Meersalz
2 TL Abrieb von 1 Bio-Zitrone
1 Eigelb
50 g Hagelzucker

Für die Füllung

60 g sehr weiche Butter
3 TL gemahlener Zimt
80 g Rohrohrzucker

*Ob als kleines Frühstücksglück oder zum Nachmittagskaffee:
Nichts geht über richtig leckere und zuckersüße Zimtschnecken.*

Milch und Kardamom in einen Topf geben und lauwarm (max.
36 °C) erhitzen, die Butter darin zerlassen. Hefe in eine Rührschüssel krümeln. Die Milchmischung darübergießen und so lange
verrühren, bis sich die Hefe aufgelöst hat. Mit dem Ei verquirlen.

Mehl, Zucker, Salz und Zitronenabrieb mischen und zur Hefemischung geben, in ca. 10 Min. (am besten in einer Küchenmaschine)
zu einem glatten, elastischen Teig kneten. Mit einem feuchten
Küchentuch abdecken und an einem warmen Ort ca. 1 Std. gehen
lassen.

Den Teig erneut kurz durchkneten. Auf einer bemehlten Arbeitsfläche 5 mm dick zu einem länglichen Rechteck ausrollen, mit der
weichen Butter bestreichen, dabei 2 cm Rand lassen. Mit Zimt und
Zucker bestreuen. Von der langen Seite her aufrollen und in
1 — 2 cm dicke Scheiben schneiden. Auf zwei mit Backpapier
ausgelegte Bleche legen. Abgedeckt weitere 20 Min. gehen lassen.
Inzwischen den Backofen auf 200 °C vorheizen.

Die Schnecken mit Eigelb bestreichen und mit Hagelzucker
bestreuen. Im Ofen auf mittlerer Schiene in 10 — 12 Min. goldgelb
backen.

TIPP

Der Teig kann prima am Vorabend vorbereitet werden und
geht dann über Nacht im Kühlschrank. Er wird dadurch noch
aromatischer, außerdem kommt man so morgens ein wenig
früher zum herrlichen Zimtschnecken-Genuss.

GEFÜLLTER BROTRING MIT PILZEN

ZUBEREITUNG: 35 MIN.
+ 1 STD. 45 MIN. RUHEN
+ 35 MIN. BACKEN

FÜR CA. 6 PORTIONEN

Für den Teig

½ Würfel frische Hefe (20 g)

300 ml lauwarmes Wasser

1 EL Honig

350 g Mehl + etwas extra

2 EL Olivenöl

170 g Hartweizengrieß

1 EL Meersalz

Für die Füllung

3 EL Olivenöl

2 Schalotten, fein gehackt

1 Knoblauchzehe, fein gehackt

350 g braune Champignons, grob
  gewürfelt

1 großer Apfel, entkernt und gewürfelt

Meersalz

Frisch gemahlener schwarzer Pfeffer

1 EL Zitronensaft

60 g Pecorino, gerieben

4 Zweige Thymian, Blättchen fein
  gehackt

Dieser saftige Brotring macht sich durch seine würzige Apfel-Pilz-Füllung nicht nur besonders gut auf herbstlichen Buffets, auch Ausflügler haben ihre helle Freude daran: Durch seine handliche Form eignet sich das Brot bestens zum Mitnehmen und hat den Belag zudem gleich schon dabei! Es muss ja nicht immer alles quadratisch daherkommen, um praktisch und gut zu sein.

Für den Teig die Hefe in eine Schüssel bröseln und mit Wasser und Honig vermischen, bis sie sich aufgelöst hat. 2 EL Mehl einrühren und abgedeckt 15 Min. gehen lassen. Das Öl unterrühren. Das restliche Mehl mit Hartweizengrieß und Salz mischen, nach und nach zugeben und 5 Min. kneten, bis ein elastischer Teig entsteht. Mit Frischhaltefolie abdecken und an einem warmen Ort 1 Std. gehen lassen.

Für die Füllung 1 EL Öl in einer großen Pfanne erhitzen, Schalotten und Knoblauch darin andünsten. Mit einem Schöpflöffel herausnehmen und beiseitestellen. Die Champignons portionsweise scharf anbraten. Den Apfel zugeben und unter Rühren kurz anbraten. Zum Schluss Champignons, Schalotten und Knoblauch wieder in die Pfanne geben, alles gut vermengen und mit Salz, Pfeffer und Zitronensaft abschmecken. Abkühlen lassen.

Den Teig kurz durchkneten, auf der bemehlten Arbeitsfläche zu einem Rechteck (ca. 30 x 40 cm) ausrollen, mit dem restlichen Olivenöl beträufeln. Die Füllung darauf verteilen, dabei 3 cm Rand lassen. Mit Pecorino und Thymian bestreuen. Von der Längsseite her aufrollen, zu einem Ring formen und auf ein mit Backpapier ausgelegtes Blech geben. Mit etwas Mehl bestäuben und erneut 30 Min. gehen lassen. Den Backofen auf 200 °C vorheizen und den Brotring darin in 35 Min. goldbraun backen.

ASIATISCHER ROTKOHL-MÖHREN-SALAT

ZUBEREITUNG: 20 MIN.
+ 30 MIN. MARINIEREN

FÜR 4–6 PORTIONEN

Für den Salat

500 g Rotkohl, in feinen Streifen
200 g Weißkohl, in feinen Streifen
Meersalz
4 Möhren, in feinen Stiften
1 Fenchel, gehobelt
100 g ungesalzene geröstete Erdnüsse,
  grob gehackt
3 Frühlingszwiebeln, in feinen Ringen
½ Bd. Koriander, Blättchen abgezupft
  und Stiele fein gehackt

Für das Dressing

100 ml Orangensaft
2 EL Limettensaft
4 EL Ahornsirup
2 EL Sojasoße
4 EL Erdnussöl (alternativ
  Sonnenblumenöl)
2 TL geröstetes Sesamöl
1 Stück Ingwer (ca. 2 cm), gerieben
1 rote Chilischote, entkernt und in
  feinen Streifen
Meersalz

Krautsalat darf bei keinem Grillfest fehlen! Und wer behauptet, der Kohlklassiker sei langweilig, hat diesen hier noch nicht probiert: fruchtig, exotisch und scharf kommt er daher und passt besonders gut zu gegrillten Garnelen oder rosa gebratenem Thunfisch.

Für das Dressing Orangen- und Limettensaft, Ahornsirup und Sojasoße in einem kleinen Topf ca. 7 Min. bei hoher Temperatur einkochen. Lauwarm abkühlen lassen. Das Erdnuss- und das Sesamöl, den Ingwer und die Chili untermischen. Mit Salz abschmecken.

Beide Kohlsorten in eine Schüssel geben, leicht salzen und gut durchkneten (dabei Einweghandschuhe tragen, der Kohl färbt blau). Mit dem Dressing vermengen und 30 Min. ziehen lassen. Die Möhren und den Fenchel, die Hälfte der Erdnüsse, die Frühlingszwiebeln und die Korianderstiele unterheben. Evtl. mit Salz nachwürzen.

Den Rotkohlsalat auf einer Servierplatte anrichten. Mit den restlichen Erdnüssen und den Korianderblättchen bestreut servieren.

SO SCHMECKT'S AUCH

Wer es lieber fruchtig mag, kann statt Möhren und Fenchel auch Mango verwenden. Die Erdnüsse können durch 2 EL geröstete helle Sesamsamen ersetzt werden.

TOMATEN-ZIEGENKÄSE-TARTE

ZUBEREITUNG: 25 MIN.
+ 30 MIN. KÜHLEN
+ 40 MIN. BACKEN

FÜR 1 TARTEFORM (Ø 28 CM)

Für den Tarteboden

200 g Mehl + etwas für die
 Arbeitsfläche
100 g kalte Butter, gewürfelt
1 Prise Meersalz
50 ml eiskaltes Wasser

Für den Belag

400 g Crème fraîche
2 Eier
2 EL geriebener Parmesan
½ Zweig Thymian, Blättchen
 abgezupft
Meersalz
Frisch gemahlener schwarzer Pfeffer
5 getrocknete Tomaten in Öl, fein
 gehackt
Ca. 16 Kirschtomaten, halbiert
200 g Ziegenkäserolle, in 8 Scheiben

Außerdem

300 g Hülsenfrüchte zum Blindbacken

Man kann sie drehen und wenden, wie man will, Tartes erfüllen einfach alle Kriterien des idealen Partyfoods: Sie sind gut vorzubereiten, schmecken warm oder kalt, passen zu jeder Tages- und Nachtzeit und sind überdies noch hübsch anzuschauen. Für die richtig große Party kann die Zutatenmenge problemlos verdoppelt und die Tarte auf einem Blech zubereitet werden.

Für den Tarteboden Mehl, Butter und Salz mit den Fingerspitzen zu feinen Bröseln verarbeiten. Das Wasser zugeben und alles zügig zu einem glatten Teig verarbeiten. Auf der bemehlten Arbeitsfläche ausrollen und die Tarteform damit auskleiden. 30 Min. kalt stellen.

Den Backofen auf 180 °C vorheizen. Den Teig mit Backpapier und Hülsenfrüchten belegen und 10 Min. blindbacken. Belag entfernen und den Boden in ca. 5 Min. fertig backen. Die Temperatur auf 160 °C reduzieren.

Für den Belag Crème fraîche, Eier, Parmesan, Thymian, Salz und Pfeffer verrühren. Die getrockneten Tomaten auf dem Tarteboden verteilen und die Creme vorsichtig daraufgießen (dabei ca. 5 mm Teigrand überstehen lassen, damit der Guss durch das weitere Belegen nicht überläuft). Die Tomatenhälften mit der Schnittfläche nach oben auf der Creme verteilen, dabei einen äußeren und einen inneren Kreis legen. Den Zwischenraum mit Ziegenkäsescheiben belegen. Die Tarte ca. 25 Min. backen. Vor dem Anschneiden 5 – 10 Min. ruhen lassen.

TIPP

Der Teigboden kann ungebacken in der Form
eingefroren werden. Zum Backen unaufgetaut mit
Blindbackbelag in den vorgeheizten Backofen schieben
und weiter verfahren wie oben beschrieben.

HONIG-AUBERGINEN-RÖLLCHEN

ZUBEREITUNG: 20 MIN.
+ 20 MIN. BACKEN
+ 30 MIN. ZIEHEN

FÜR 4 PORTIONEN

Für die Auberginen

750 g Auberginen, in 1 cm dicken
    Scheiben
Ca. 4 EL Olivenöl
Meersalz
Frisch gemahlener schwarzer Pfeffer
2 rote Chilischoten, entkernt und fein
    gehackt
Je 5 Stängel glatte Petersilie, Minze und
    Basilikum, fein gehackt
Abrieb und Saft von ½ Bio-Zitrone
2 EL flüssiger Honig
200 g Feta

Für das Avocado-Hummus

265 g Kichererbsen (Dose), abgetropft
2 Avocados, geschält
2 Knoblauchzehen, grob gehackt
Abrieb und Saft von 1 Bio-Zitrone
2 EL Tahini (Sesammus)
1 gestr. TL gemahlener Kreuzkümmel
Meersalz
Frisch gemahlener schwarzer Pfeffer

Wenn die warme Frühlingssonne zum Picknick mit Freunden lockt und neben Decke und Limonade noch etwas herzhaft Leckeres im Picknickkorb fehlt, dann passt dieses Rezept perfekt. Sowohl die Röllchen als auch das Hummus lassen sich sehr gut vorbereiten und in Dosen transportieren – ergänzt durch ein paar Falafel und etwas frisches Brot wird aus diesem Snack sogar im Handumdrehen eine Mahlzeit. Einfach alles einpacken und dann nichts wie raus ins Grüne!

Für die Auberginen den Backofengrill vorheizen. Eine hitzebeständige Form auf den Boden des Backofens stellen und mit heißem Wasser füllen. Die Auberginen auf ein mit Backpapier ausgelegtes Blech geben. Von beiden Seiten mit Olivenöl bestreichen, salzen und pfeffern. In ca. 20 Min. von beiden Seiten goldbraun rösten, zwischendurch einmal wenden.

Die Auberginen auf eine Platte legen, mit Chili, Kräutern und Zitronenabrieb bestreuen und mit Zitronensaft und Honig beträufeln. 30 Min. durchziehen lassen. Den Feta in ca. 1 ½ cm dicke Stifte schneiden und jeweils in eine Auberginenscheibe rollen. Sehr breite Auberginenröllchen quer halbieren.

Für das Hummus die Kichererbsen mit dem Avocadofruchtfleisch und allen weiteren Zutaten cremig pürieren und zu den Auberginen servieren.

ORIENTALISCHER BULGURSALAT

ZUBEREITUNG: 20 MIN.

FÜR 4 PORTIONEN

250 g Bulgur
Meersalz
1 Granatapfel
½ Bd. Minze, Blättchen fein gehackt
½ Bd. Petersilie, fein gehackt
Schale von ½ eingelegten Zitrone
(alternativ Abrieb von 1 Bio-Zitrone)
150 g Feta
1 Handvoll Pistazienkerne, geröstet
50 g Mandelstifte, geröstet

Für das Dressing

1 TL Koriandersamen
Je 1 EL Granatapfelsirup und
 Zitronensaft + etwas mehr
7 EL Olivenöl
Meersalz
Frisch gemahlener schwarzer Pfeffer

Auch wenn für diesen wunderbaren Salat einige ausgefallene Zutaten benötigt werden, es lohnt sich: Mit seinem orientalisch-frischen Geschmack passt er perfekt zu warmen Sommertagen! Der Bulgursalat lässt sich prima mitnehmen und auch am nächsten Tag noch sehr gut genießen, also am besten gleich etwas mehr machen.

Den Bulgur in eine Schüssel geben. Mit kochendem Salzwasser bedecken, gar ziehen lassen und nach dem Abkühlen mit einer Gabel auflockern.

Eine Schüssel mit kaltem Wasser füllen. Den Granatapfel halbieren, in der Schüssel in Stücke brechen und die Kerne herauslösen. Die oben schwimmenden Häutchen und Schalen entfernen, die Kerne in einem Sieb abtropfen lassen. Mit Minze und Petersilie zum Bulgur geben. Die Zitronenschale abspülen, sehr fein hacken und ebenfalls zugeben. Den Feta grob zerbröseln und mit den Pistazien und den Mandeln zufügen.

Für das Dressing die Koriandersamen ohne Fett in einer Pfanne anrösten und im Mörser zerstoßen. Mit den übrigen Zutaten in ein Schraubglas geben, kräftig schütteln und abschmecken. Über den Salat geben und alles gründlich vermengen. Mit Salz, Pfeffer und Zitronensaft abschmecken.

TIPP

Eingelegte Zitronen bekommt man in marokkanischen Lebensmittelgeschäften oder man legt sie selbst ein. Dafür schneidet man 6 Zitronen an einem Ende kreuzweise ein und füllt sie mit jeweils 1 TL grobem Meersalz. Mit 200 g grobem Meersalz und 150 ml Zitronensaft eng in ein Schraubglas (1 l) schichten und mit Wasser auffüllen. Gut verschlossen mind. 3 (noch besser 8) Wochen ziehen lassen, von Zeit zu Zeit schütteln. Die Zitronen vor Gebrauch abspülen.

RINDFLEISCH-KÜRBIS-TAJINE

ZUBEREITUNG: 30 MIN.
+ 2 STD. MARINIEREN
+ 2 STD. GAREN

FÜR 4 PORTIONEN

1 EL Paprikapulver, edelsüß
Je 1 EL gemahlener Ingwer, Zimt,
   Kreuzkümmel und Ras el Hanout
Meersalz
Frisch gemahlener schwarzer Pfeffer
600 g Rindergulasch (Keule)
3 EL Olivenöl
20 g blanchierte Mandeln
1 rote Zwiebel, in feinen Spalten
2 Knoblauchzehen, fein gehackt
250 g Kichererbsen (Dose), abgetropft
2 EL Tomatenmark
Ca. 1 l Rinderbrühe
1 Bio-Orange
600 g Butternusskürbis, in 3 cm großen
   Würfeln
10 Backpflaumen, entsteint und grob
   gehackt
5 getrocknete Aprikosen, grob gehackt
250 g Couscous
1 TL Butter
2 EL Honig
1 Bd. Koriander, Blättchen abgezupft

Dieses marokkanisch inspirierte Gericht voller wärmender Gewürze sorgt für strahlende Gesichter an kühlen Herbstabenden. Das lange Schmoren lässt das Fleisch butterweich werden und intensiviert die einzigartigen Aromen. Am besten bereitet man gleich die doppelte Menge zu, denn die Tajine eignet sich bestens zum Einfrieren.

Die Gewürze mit je 1 TL Salz und Pfeffer vermischen. Das Fleisch in einen Gefrierbeutel füllen und die Gewürze zugeben. Den Beutel verschließen, alles gründlich vermengen und mind. 2 Std., besser über Nacht, im Kühlschrank ziehen lassen.

2 EL Öl in einer Tajine oder einem Schmortopf erhitzen und die Mandeln darin anrösten. Das Fleisch zufügen und bei mittlerer Hitze anbraten. Zwiebel und Knoblauch zugeben und 5 Min. mitgaren. Kichererbsen, Tomatenmark und die Hälfte der Brühe unterrühren, alles zum Kochen bringen und zugedeckt bei schwacher Hitze 30 Min. schmoren. Von der Orange mit einem Sparschäler 4 Streifen Schale abschneiden (ohne die bittere weiße Haut). Kürbis, Pflaumen, Aprikosen, Orangenschale und die restliche Brühe unterrühren, mit Deckel weitere 45–60 Min. garen, bis das Fleisch zart ist.

Den Couscous mit 1 EL Öl und ½ TL Salz in eine vorgewärmte Schüssel geben und mit 250 ml kochendem Wasser übergießen. Abdecken und nach Packungsanweisung gar ziehen lassen. Die Butter zugeben und den Couscous mit einer Gabel auflockern.

Die Tajine mit Honig, Salz und Pfeffer abschmecken, mit Koriander bestreuen und mit Couscous servieren.

SO SCHMECKT'S AUCH
Wenn kein Kürbis erhältlich ist, kann man für dieses Gericht sehr gut grob geschnittene Möhren verwenden.

ERDBEER-HOLUNDER-BOWLE

ZUBEREITUNG: 10 MIN.
+ 30 MIN. ZIEHEN

FÜR 8 PORTIONEN

¼ Vanilleschote
8 EL Holunderblütensirup
500 g Erdbeeren, entkelcht
8 Stängel Zitronenmelisse
750 ml trockener Weißwein
1 Bio-Zitrone
750 ml gekühlter Prosecco

Ein lauer Sommerabend und ein gemütliches Gartenfest mit Freunden, da darf eine prickelnde Bowle nicht fehlen! Mit süßen Erdbeeren und erfrischend spritzigem Holunderblütensirup lässt sich das Leben in vollen Zügen genießen.

Die Vanilleschote längs halbieren und das Mark herauskratzen. In einer großen Schüssel den Holunderblütensirup mit dem Vanillemark und der -schote vermischen. Die Erdbeeren vierteln und mit 4 Stängeln Zitronenmelisse und dem Wein zum Sirup geben. Gut verrühren und abgedeckt im Kühlschrank 30 Min. durchziehen lassen. Die Zitronenmelisse und die Vanilleschote entfernen.

Den Ansatz in ein Bowlegefäß gießen. Die Zitrone in dünne Scheiben schneiden und mit dem Prosecco und der restlichen Zitronenmelisse zum Ansatz geben. Cheers!

Am Sonntag nehmen wir uns mal
so richtig Zeit, schwelgen zuerst im
Frühstücksglück und gönnen uns
später butterweich gegarte Schmor-
gerichte, die entweder – für fein – am
schön gedeckten Tisch oder gemütlich
abends auf dem Sofa Bäuchlein und
Seele erfreuen. Und weil es sonntags
von allem etwas mehr sein darf, bleibt
bestimmt ein Portiönchen übrig, das
am nächsten Tag sogar noch besser
schmeckt.

SONNTAG

ZEIT ZUM SCHLEMMEN

AVOCADO-TOAST-VARIATIONEN

ZUBEREITUNG: 5 MIN.

FÜR 2 PORTIONEN

1 Avocado, geschält und entkernt
1 Spritzer Zitronensaft
Meersalz
Frisch gemahlener schwarzer Pfeffer
2 Scheiben geröstetes Brot

Der Avocado-Toast gilt mittlerweile als Klassiker auf der Früh-stückskarte, denn er ist nicht nur gesund und sättigend, sondern kann sowohl herrlich herzhaft als auch ausgefallen süß zube-reitet werden. Besonders gut passt er zu weich gekochten oder pochierten Frühstückseiern, die an einem gemütlichen Sonntag-morgen natürlich nicht fehlen dürfen.

Die Avocado mit einer Gabel cremig rühren, mit Zitronensaft, Meersalz und Pfeffer mischen und das Brot damit bestreichen. Nach Belieben ergänzen mit:

- Röstpaprika + pochiertes Ei
- Weich gekochtes Ei + Schnittlauch
- Knuspriger Bacon + Spiegelei
- Grüner Spargel + pochiertes Ei
- Räucherlachs + Kapern + Crème fraîche + Estragon
- Erdbeeren + Ziegenkäse + Pfeffer
- Frühlingszwiebeln + Radieschen + Feta
- Pfirsich + Feta + Pinienkerne + Chiliflocken
- Bananenscheiben + Zimt + Honig
- Frischkäse + geröstete Mandeln + Honig
- Ziegenkäse + knusprige Baconwürfel
- Tomaten + Basilikum + Olivenöl + Balsamicoessig
- Trockenfrüchte + Pistazien + Sesam + Honig + Zimt
- Gegrillte Garnelen + Chilisoße
- Brathähnchenfleisch + Trauben + Pekannusskerne
- Gurke + Feta + Minze
- Tahini + Gurke + Limettensaft + Olivenöl + Chiliflocken
- Tomate + rote Zwiebel + Petersilie
- Mais + rote Chili + Limettensaft

ARME RITTER MIT ZIMT-PFLAUMEN

ZUBEREITUNG: 15 MIN.
+ 25 MIN. BACKEN

FÜR 2 PORTIONEN

Für die Zimt-Pflaumen

4 rote Pflaumen, geviertelt und
  entsteint
1 ½ EL brauner Zucker
1 TL Zimt
1 Sternanis

Für die Armen Ritter

2 Eier
1 EL Sahne
2 EL Milch
1 EL Vanillezucker
½ TL Zimt
1 Prise Meersalz
4 Scheiben Kastenweißbrot
  (am besten vom Vortag)
2 EL Butter
1 EL Mandelblättchen

Süß, fluffig und herrlich zimtig – dieses leckere Frühstück lässt keine Wünsche offen!

Den Backofen auf 200 °C vorheizen.

Für die Zimt-Pflaumen die Früchte in eine feuerfeste Form legen. Mit Zucker, Zimt, Sternanis und 1 EL Wasser vermischen und mit Alufolie abdecken. 15 Min. backen, die Pflaumen behutsam wenden und abgedeckt weitere 10 Min. backen. Herausnehmen und etwas abkühlen lassen.

Für die Armen Ritter die Eier mit Sahne, Milch, Vanillezucker, Zimt und Salz verquirlen. In eine flache Auflaufform gießen. Die Weißbrotscheiben darauf verteilen. Wenn sie sich von einer Seite vollgesogen haben, wenden und die restliche Flüssigkeit aufsaugen lassen.

Butter in einer großen Pfanne erhitzen und die Brote darin von beiden Seiten bei mittlerer Hitze goldbraun braten. Die Scheiben diagonal halbieren. Mit Pflaumen belegen und etwas von dem entstandenen Sirup darüberträufeln. Mit Mandelblättchen bestreuen und sofort servieren.

SO SCHMECKT'S AUCH

Die Zimt-Pflaumen schmecken auch sehr lecker zu cremigem Milchreis. Dafür ½ Vanilleschote längs halbieren und das Mark auskratzen. Beides mit 100 g Milchreis, 400 ml Milch und 1 Prise Salz in einen Topf geben. Unter Rühren bei mittlerer Hitze aufkochen. Die Temperatur reduzieren und den Reis weitere 15 Min. köcheln lassen, bis er bissfest gegart ist. Dabei immer wieder umrühren, evtl. etwas mehr Milch zugeben. 60 ml Sahne zugießen, 1 EL Rohrohrzucker untermengen und den Reis langsam erhitzen, bis er eindickt. Die Vanilleschote entfernen und 1 EL Butter unterrühren. Den Milchreis in Schälchen verteilen und mit Zimt-Pflaumen servieren.

SCHOKO-BANANEN-PANCAKES

ZUBEREITUNG: 15 MIN.

FÜR CA. 20 PANCAKES

180 g Mehl

40 g Kakaopulver

2 EL brauner Zucker

2 EL Rohrohrzucker

1 ½ TL Weinstein-Backpulver

1 TL Vanillezucker

¼ TL Natron

¼ TL Meersalz

300 ml Buttermilch

2 Eier

3 EL Kokosöl, zerlassen + etwas zum
    Ausbacken

2 Bananen, in kleinen Stücken

50 g Vollmilchschokolade, fein gehackt

Außerdem

Ahornsirup und gehackte Schokolade
    zum Servieren

Schokolade zum Frühstück? Nichts leichter als das! Für diese himmlischen Pancakes lohnt es sich wirklich, morgens aus den Federn zu hüpfen. Ob klassisch mit Ahornsirup, extra süß mit Schokoladensoße oder herrlich fruchtig mit frischem Obst – einfach nur lecker!

In einer Schüssel Mehl, Kakao, braunen und Rohrohrzucker, Backpulver, Vanillezucker, Natron und Salz vermischen. In einer zweiten Schüssel die Buttermilch mit den Eiern und dem Kokosöl verquirlen. Zu den trockenen Zutaten geben und kurz (!) unterheben. Die Bananen und die Schokolade vorsichtig unterheben, den Teig dabei nicht allzu stark rühren!

In einer Pfanne bei mittlerer Hitze etwas Öl erhitzen und pro Pancake einen großen Esslöffel Teig ausbacken. Wenn Bläschen an der Oberfläche erscheinen, die Pfannkuchen wenden und in ca. 1 Min. fertig backen.

Die Pancakes mit Ahornsirup und gehackter Schokolade servieren.

TIPP

Wer es gerne fluffig mag, schlägt das Eiweiß steif und
hebt es ganz zum Schluss unter den Teig.

SCHWEINEFILET MIT APFELFÜLLUNG

ZUBEREITUNG: 45 MIN.
+ 1 STD. 10 MIN. GAREN

FÜR 4 PORTIONEN

1 Schalotte, fein gehackt

2 Knoblauchzehen, fein gehackt

50 g Pflaumen, entsteint und fein
  gehackt

50 g Walnüsse, fein gehackt

50 g frische Semmelbrösel aus
  Baguette vom Vortag

1 säuerlicher Apfel (z. B. Granny Smith
  oder Boskop), geraspelt

4 Stängel glatte Petersilie, fein gehackt

1 Stängel Salbei, Blättchen fein gehackt

2 Zweige Thymian, Blättchen fein
  gehackt

Meersalz

Frisch gemahlener schwarzer Pfeffer

2 Schweinefilets à 400 g

75 ml Ahornsirup

2 EL Walnussöl

750 ml Cider

250 g Crème fraîche

Außerdem

Küchengarn

Sonntags darf geschlemmt werden: Das saftige Schweinefilet umhüllt eine fruchtige Füllung aus Apfel, Walnüssen, Pflaumen und Kräutern. Ergänzt durch die cremige Soße mit Ahornsirup wird dieses Filet zum perfekten Sonntagsschmaus!

Den Backofen auf 200 °C vorheizen.

Für die Füllung Schalotte, Knoblauch, Pflaumen, Nüsse, Semmelbrösel, Apfel und Kräuter in einem Blitzhacker sehr fein hacken. Die Masse sollte leicht zusammenkleben, damit sie beim Füllen nicht herausfällt. Alles mit Salz und Pfeffer abschmecken.

Die Schweinefilets zart klopfen, je eine Seite salzen und pfeffern. Mehrere Streifen Küchengarn (sie sollten deutlich länger sein als das Filet breit ist, sodass man sie zum Schluss um den Braten binden kann) im Abstand von 3 cm parallel nebeneinander anordnen und ein Filet quer darauf legen. Die Füllung darauf verteilen und leicht andrücken. Das zweite Filet mit der gewürzten Seite nach unten darauflegen. Vorsichtig mit Küchengarn umwickeln und in einen Bräter legen.

In einer Schüssel Ahornsirup, Walnussöl und 350 ml Cider verrühren, das Fleisch damit übergießen. Im Ofen in ca. 1 Std. garen, bis das Filet an der Oberfläche karamellisiert ist. Nach Ende der Garzeit den Braten auf eine Platte legen und mit Alufolie abgedeckt ruhen lassen.

Den Bratensaft aufkochen, restlichen Cider angießen und auf ein Drittel reduzieren. Die Crème fraîche einrühren und die Soße bei schwacher Hitze ca. 4 Min. köcheln lassen.

Das Küchengarn entfernen und das Fleisch in 3 cm dicke Scheiben schneiden. Mit der Bratensoße servieren.

KOHLRABIBLÄTTER-PÄCKCHEN

ZUBEREITUNG: 30 MIN.
+ CA. 30 MIN. GAREN

FÜR 2–4 PORTIONEN

Ca. 3 kleine Bio-Kohlrabi (500 g) mit
  10–12 schönen Blättern
1 EL Butter
30 g kurze Fadennudeln
100 g Basmatireis
Meersalz
2 Schalotten, fein gehackt
2 Knoblauchzehen, fein gehackt
4 EL Öl
100 g Magerquark
1 EL frisch geriebener Parmesan
40 g Pinienkerne, geröstet
2 EL getrocknete Cranberrys, grob
  gehackt
4 Stängel Blattpetersilie, fein gehackt
Abrieb von ½ Bio-Zitrone
Frisch gemahlener schwarzer Pfeffer
200 ml Gemüsebrühe
4 EL cremiger Joghurt

Außerdem
Ca. 12 Zahnstocher

Diese deftigen vegetarischen Kohlrouladen sind eine Verneigung vor der wunderbaren Knolle, deren Blätter und Stiele meistens schon beim Einkauf reflexartig abgerupft werden. Nicht so hier, denn für dieses Rezept wird der Kohlrabi „von Kopf bis Fuß" verwendet.

Die Kohlrabi schälen und grob raspeln. Die Blätter waschen und trocken tupfen, die Stiele fein hacken. Die Butter in einem Topf bei mittlerer Hitze zerlassen und die Nudeln darin 1 Min. anbraten. Den Reis, 200 ml Wasser und ½ TL Salz zugeben und aufkochen. Abgedeckt bei niedrigster Temperatur 10 Min. garen. Ohne den Deckel zu öffnen, 10 Min. abkühlen lassen.

In einer Pfanne Schalotten, Knoblauch und Kohlrabistiele in 1 EL Öl 5 Min. dünsten. Mit Quark, Parmesan, Pinienkernen, Cranberrys, Petersilie, Zitronenabrieb und Kohlrabi zum Reis geben. Alles gut vermengen und mit Salz und Pfeffer würzen.

Je 2 EL Füllung auf die Kohlrabiblätter geben, die Blätter einrollen und mit Zahnstochern fixieren. Das restliche Öl in einem Bräter erhitzen und die Kohlrabipäckchen darin kurz anbraten. Mit Brühe ablöschen und zugedeckt ca. 20 Min. schmoren. Leicht abkühlen lassen und mit einem Klecks Joghurt servieren.

ZITRONEN-HUHN-SUPPE

ZUBEREITUNG: 30 MIN.
+ CA. 2 STD. GAREN

FÜR 6 PORTIONEN

1 Suppenhuhn (ca. 1,5 kg)
4 Zwiebeln, grob gehackt
3 Knoblauchzehen, grob gehackt
Meersalz
3 Kartoffeln, gewürfelt
100 g Basmatireis
3 Bio-Zitronen
½ Bd. Minze, Blättchen grob gehackt
2 grüne Chilischoten, entkernt und in
    feinen Streifen
Frisch gemahlener schwarzer Pfeffer

Wenn trübe Stimmung oder eine leichte Erkältung im Anmarsch sind, vollbringt ein Hühnersüppchen manchmal wahre Wunder. Für die ultimativen Tröst- und Heilkräfte geben Minze, Zitrone und Chili der Laune oder dem Immunsystem einen wirksamen Schubs in die richtige Richtung.

Das Suppenhuhn in einen großen Topf geben. Mit ca. 2 l Wasser auffüllen, Zwiebeln und Knoblauch zufügen und kräftig salzen. Zum Kochen bringen und mind. 1 ½ Std. bei geringer Hitze köcheln lassen.

Das Huhn herausnehmen, häuten und das Fleisch in mundgerechte Stücke reißen. Die Brühe durch ein Sieb abseihen und in einen sauberen Topf gießen. Die Kartoffeln und den Reis hineingeben und bei niedriger Hitze in ca. 15 Min. bissfest garen. Die Schale von 2 Zitronen abreiben und die Früchte auspressen. Die dritte Zitrone in Scheiben schneiden und beiseitestellen.

Minze, Chili, Fleisch, Zitronenschale und -saft zur Suppe geben. Die Suppe mit Pfeffer und Salz abschmecken und mit Zitronenscheiben garniert servieren.

RIB-EYE-STEAK MIT WEDGES

ZUBEREITUNG: CA. 1 STD.

FÜR 4 PORTIONEN

Für die Steaks

4 Rib-Eye-Steaks à 250 g (mit Knochen,
 ca. 2,5 cm dick)
Olivenöl zum Bestreichen
2 Zweige Rosmarin, Nadeln fein
 gehackt
Meersalz
Frisch gemahlener schwarzer Pfeffer

Für die Knoblauch-Rosmarin-Butter

1 Knoblauchknolle
Olivenöl zum Bestreichen
100 g weiche Butter
Abrieb von ½ Bio-Zitrone
1 Zweig Rosmarin, Nadeln fein gehackt
Meersalz
Frisch gemahlener schwarzer Pfeffer

Für die Wedges

1 kg Kartoffeln
4 EL Olivenöl
1 TL Paprikapulver, edelsüß
Meersalz
Frisch gemahlener schwarzer Pfeffer

Außerdem

Eiswasser

Ein saftiges Steak und knusprige Kartoffeln – dieses Rezept macht dem klassischen Sonntagsbraten durchaus Konkurrenz ...

Den Backofen auf 200 °C vorheizen und ein Backblech mit Backpapier belegen.

Für die Wedges die Kartoffeln gründlich waschen, längs halbieren und die Hälften längs in je 3 Spalten schneiden. In eine große Schüssel mit Eiswasser geben, um einen Teil der Stärke abzuspülen, das macht die Kartoffeln knuspriger. Abgießen und mit Küchenpapier gut abtrocknen. Das Öl mit Paprika, Salz und Pfeffer mischen, die Kartoffeln in einer Schüssel im Würz-Öl wenden und auf dem Backblech verteilen.

Für die Knoblauch-Rosmarin-Butter die Knoblauchknolle mit etwas Olivenöl bestreichen, ungeschält in Alufolie einschlagen und zu den Kartoffeln legen. Ca. 25 Min. backen, dann die Knoblauchknolle aus dem Ofen nehmen. Die Kartoffeln ca. 10 Min. weiterbacken. Die Knoblauchzehen aus der Schale in einen Mörser drücken, zu einer Paste zerstoßen und abkühlen lassen. Butter, Zitronenabrieb und Rosmarin zugeben und cremig rühren. Mit Salz und Pfeffer abschmecken. Die Butter abgedeckt kalt stellen.

Für die Steaks den Grill anheizen. Das Fettauge aus dem Fleisch drücken bzw. schneiden. In kleine Stückchen reißen und diese in die Steaks reiben. Anschließend das Fleisch mit Olivenöl bestreichen, mit dem Rosmarin bestreuen und kräftig mit Salz und Pfeffer würzen. Dann sofort auf den Grill legen. Das Fleisch von beiden Seiten jeweils 4 – 5 Min. grillen. Die Steaks auf vorgewärmten Tellern anrichten, mit der Butter bestreichen und mit den Wedges servieren.

SÜSSKARTOFFEL-ERDNUSS-CURRY

ZUBEREITUNG: 25 MIN.
+ 20 MIN. KOCHEN

FÜR 4 PORTIONEN

2 EL Kokosöl

½ rote Chilischote, entkernt und
    fein gehackt

2 cm frischer Ingwer, fein gehackt

1 Knoblauchzehe, fein gehackt

1 Schalotte, fein gehackt

900 g Süßkartoffeln, in
    mundgerechten Würfeln

2 Möhren, in schmalen Streifen

Je 2 EL gelbe Currypaste und
    Erdnussbutter

400 ml Kokosmilch

300 ml Gemüsebrühe

265 g Kichererbsen (Dose), abgetropft

300 g Basmatireis

Meersalz

Abrieb und Saft von 1 Bio-Limette

½ Bd. Thai-Basilikum, in Streifen

½ Bd. Koriander, Blättchen abgezupft

2 Frühlingszwiebeln, in schrägen
    Ringen

50 g ungesalzene geröstete Erdnüsse,
    grob gehackt

Der Sonntagabend gehört dem Sofa. Da kommt dieses cremige Curry gerade recht: Wärmende Gewürze und ein zartes Kokosaroma machen es zu einem Gericht mit Wohlfühlgarantie!

Das Öl in einem Topf erhitzen. Chili, Ingwer, Knoblauch und die Schalotte darin unter Rühren andünsten. Süßkartoffeln und Möhren zugeben und kurz mitdünsten. Currypaste und Erdnussbutter unterrühren. Kokosmilch und Gemüsebrühe angießen, die Kichererbsen zugeben und alles zum Kochen bringen. Das Curry bei mittlerer Hitze ca. 20 Min. köcheln lassen, bis das Gemüse bissfest ist.

Den Reis gründlich abspülen und in einem Topf mit ca. 550 ml leicht gesalzenem Wasser bedecken. Aufkochen und bei niedriger Hitze in 10 – 12 Min. bissfest garen. Vom Herd nehmen und kurz ruhen lassen.

Das Curry mit Limettenabrieb und -saft sowie Salz abschmecken. In Suppenschalen füllen, mit Kräutern, Frühlingszwiebeln und Erdnüssen garnieren und mit dem Reis servieren.

SO SCHMECKT'S AUCH

Statt Süßkartoffeln kann man für das Curry auch grünen Spargel, Brokkoli oder Kürbis verwenden.

BACKTAG

BAKE IT EASY

Friede, Freude, lecker Kuchen! Ob festlicher Anlass, kleines Nachmittagstief oder einfach Mittwoch: Ein Stückchen Kuchen verzückt uns immer wieder, streichelt die Seele und setzt unserer Woche das Sahnehäubchen auf. Vorhang auf für die Wonneproppen der Kaffeetafel!

RHABARBER-STREUSELKUCHEN

ZUBEREITUNG: 30 MIN.
+ 55 MIN. BACKEN

FÜR 1 SPRINGFORM (Ø 26 CM)

Für den Teig
300 g Mehl
200 g Butter, zerlassen
150 g Zucker
1 Prise Meersalz

Für den Belag
350 g Rhabarber, in 2 cm großen
   Stücken
100 g Himbeeren (oder Rhabarber)
100 g Zucker
40 g Speisestärke
500 g Magerquark
3 Eier
100 g Puderzucker
2 Pck. Vanillezucker
Abrieb von 1 Bio-Zitrone
1 Prise Meersalz

Rhabarber, das köstliche Saisongemüse, ist nur für einen sehr kurzen Zeitraum frisch erhältlich – und muss daher umso mehr genossen werden! Für diesen Kuchen eignen sich kräftige Sorten vom Ende der Erntezeit im Juni sehr gut, dann tritt das säuerliche Rhabarber-Aroma im Kuchen besonders gut hervor.

Den Backofen auf 180 °C vorheizen. Für den Belag Rhabarber, Himbeeren und Zucker in einen Topf geben und 8 Min. kochen. Die Hälfte der Speisestärke mit ca. 2 EL Wasser glatt rühren und zufügen. Unter Rühren aufkochen und vom Herd nehmen.

Für den Teig alle Zutaten zu Streuseln verkneten. Ca. zwei Drittel des Teiges in eine mit Backpapier ausgelegte Springform geben und flach drücken. Den Boden in 15 Min. goldbraun backen. Aus dem Ofen nehmen und abkühlen lassen.

Den Quark mit Eiern, Puderzucker, Vanillezucker, Zitronenabrieb, Salz und der restlichen Speisestärke verquirlen und auf den Teigboden streichen. Die Rhabarber-Himbeer-Masse darauf verteilen, mit den restlichen Streuseln bestreuen und den Kuchen in ca. 40 Min. goldbraun backen. Vor dem Anschneiden vollständig abkühlen lassen.

SCHOKO-MOHN-KUCHEN

ZUBEREITUNG: 25 MIN.
+ 25 MIN. BACKEN

FÜR 1 SPRINGFORM (Ø 22 CM)

250 g Zartbitterschokolade
   (60–65 %), grob gehackt
250 g Butter
4 Eier
220 g Zucker
60 g Mehl
1 Prise Meersalz
80 g Mohnsamen

Außerdem
Butter für die Form
Kakaopulver für die Form und zum
   Bestäuben
Geschlagene Sahne zum Servieren

Das Leben verlangt nach etwas Süßem? Dieser köstliche Schokoladentraum sollte helfen! Der Teig lässt sich wunderbar variieren: Für ein frisches Zitrusaroma kann etwas Orangenabrieb und für einen leicht herben Akzent können rasch 1–2 TL Espressopulver hinzugegeben werden, ein Hauch Chili sorgt für Feurigkeit, und wer eine gesunde Ausrede braucht, serviert frische Früchte dazu.

Den Backofen auf 180 °C vorheizen. Eine Backform buttern und mit Kakao bestäuben.

Die Schokolade über dem heißen Wasserbad schmelzen. Lauwarm abkühlen lassen. Die Butter in einem Topf zerlassen und ebenfalls lauwarm abkühlen lassen.

In einer Rührschüssel die Eier mit dem Zucker hell und cremig schlagen. Die Butter und die Schokolade zugeben und alles gründlich verrühren. Das Mehl mit dem Salz darübersieben und unterheben, zum Schluss den Mohn unterziehen. Den Teig in die vorbereitete Backform gießen.

Den Kuchen ca. 25 Min. backen (er sollte innen noch feucht sein). Den abgekühlten Kuchen mit Kakaopulver bestäuben und mit einem Klecks Schlagsahne servieren.

SO SCHMECKT'S AUCH
Alternativ kann der Teig in kleinen, gut gefetteten Förmchen ca. 9–12 Min. gebacken werden. Für Schoko-Erdnuss-Küchlein den Teig ohne Mohn zubereiten. Die Förmchen zur Hälfte mit Teig füllen, darauf vorsichtig 1 TL cremige Erdnussbutter geben, darauf wieder Schokoteig. Nach dem Backen 3 Min. stehen lassen, mit einem Messer am Rand entlangfahren, dann auf Teller stürzen.

APFEL-TARTELETTES

ZUBEREITUNG: 25 MIN.
+ 30 MIN. KÜHLEN
+ 50–60 MIN. BACKEN

FÜR CA. 4 TARTELETTES

Für den Teig

200 g Mehl
1 Prise Meersalz
100 g kalte Butter, gewürfelt
1 Eigelb
3 EL eiskaltes Wasser

Für den Belag

5 Äpfel, geschält, geviertelt und
  entkernt
3 EL Zucker
50 g Butter
5 EL Aprikosenmarmelade
1 EL Apfelsaft

Klein und fein! Bei diesen Tartelettes kommt kein Zank darüber auf, wer das größere Stück haben darf. Dennoch kann man statt kleiner Küchlein natürlich auch eine große Tarte backen. Ob klein oder groß, dieser wunderbare Apfelkuchen kommt ohne viel Chichi aus, profitiert aber sehr davon, wenn die Äpfel so sorgfältig wie möglich angeordnet werden. Und mit einer Kugel Vanilleeis schmeckt es gleich noch mal so gut.

Für den Teig das Mehl mit Salz und Butter mit den Fingerspitzen oder in der Küchenmaschine zu feinen Bröseln verarbeiten. Das Eigelb und das Wasser zugeben und alles zügig zu einem glatten Teig verkneten. Ausrollen und 4 Tarteletteförmchen damit auskleiden (die Förmchen müssen eigentlich nicht eingefettet werden, da der Teig so viel Butter enthält, aber wer sichergehen will, kann sie gerne leicht buttern und bemehlen). Mit einer Gabel mehrmals einstechen und für 30 Min. in den Kühlschrank stellen.

Den Backofen auf 170°C (Umluft) vorheizen.

Die Äpfel in Scheiben schneiden und fächerartig auf den Böden verteilen. Mit Zucker bestreuen und die Butter in Flöckchen daraufgeben. Die Tartelettes im Ofen in 50 – 60 Min. goldbraun backen. Die Apfelränder dürfen hier und da etwas dunkel werden. Für die Glasur die Marmelade durch ein Sieb streichen. Mit dem Saft in einem kleinen Topf bei niedriger Temperatur kurz erhitzen und die Tartelettes damit bestreichen.

ERDBEERZOPF MIT MANDELN

ZUBEREITUNG: 30 MIN.
+ 1 STD. 35 MIN. RUHEN
+ 35 MIN. BACKEN

FÜR 1 ZOPF

Für den Teig

100 ml Milch
1 Vanilleschote, Mark ausgekratzt
½ Würfel frische Hefe (20 g)
40 g Rohrohrzucker
1 Prise Meersalz
1 Ei
50 g zimmerwarme Butter
250 g Mehl + etwas für die
   Arbeitsfläche

Für die Füllung

½ EL Speisestärke
½ TL Abrieb von 1 Bio-Zitrone
¼ TL Zimt
25 ml Sahne + etwas zum Bestreichen
75 g gehackte Mandeln + etwas mehr
   zum Bestreuen
40 g Rohrohrzucker
1 EL Ahornsirup
150 g Erdbeeren, fein gewürfelt

Nicht nur Liebhaber von süßen Erdbeeren kommen bei diesem Zopf auf ihre Kosten: Für die Füllung können auch Himbeeren, Heidelbeeren oder eine Waldfruchtmischung verwendet werden.

Für den Teig die Milch mit dem Vanillemark und der -schote aufkochen und vom Herd nehmen. Lauwarm abkühlen lassen, die Schote entfernen. Die Hefe in eine Schüssel bröseln und mit 1 TL Zucker in etwas Vanillemilch auflösen. Ca. 15 Min. an einem warmen Ort gehen lassen. Mit den restlichen Zutaten in 5 – 10 Min. zu einem glatten Teig verkneten. Mit Frischhaltefolie abdecken und in ca. 1 Std. zur doppelten Größe aufgehen lassen.

Für die Füllung die Speisestärke mit Zitronenabrieb und Zimt zur Sahne geben und glatt rühren. In einer tiefen Pfanne die Mandeln mit Zucker und Ahornsirup karamellisieren. Die Erdbeeren und die Sahnemischung zu den Mandeln geben. Unter Rühren aufkochen, vom Herd nehmen und abkühlen lassen.

Den Teig behutsam niederdrücken, auf der bemehlten Arbeitsfläche 1 cm dick zu einem Rechteck ausrollen und in 5 cm breite Streifen schneiden. Jeden Streifen mit der Erdbeermasse bestreichen und von der Längsseite her aufrollen, sodass lange Stränge entstehen. Aus den Strängen einen Zopf flechten. Auf ein mit Backpapier belegtes Blech legen und 20 Min. gehen lassen.

Den Backofen auf 180 °C vorheizen. Den Zopf mit Sahne bepinseln, mit Mandeln bestreuen und in ca. 35 Min. goldbraun backen.

TIPP

Die angegebene Menge ist sehr gut zu händeln, Fortgeschrittene können aber für einen großen Zopf die Menge gerne verdoppeln. Die Backzeit bleibt gleich, da die Dicke des Zopfes sich nicht verändert.

MATCHA-MARMOR-KUCHEN

ZUBEREITUNG: 25 MIN.
+ 40 MIN. BACKEN

FÜR 1 KASTENFORM (CA. 20 X 10 CM)

125 g weiche Butter + etwas für
   die Form
120 g Mehl + etwas für die Form
60 g gemahlene blanchierte Mandeln
1 ½ TL Weinstein-Backpulver
1 Prise Meersalz
100 g Rohrohrzucker
2 Eier
Abrieb von ½ Bio-Zitrone
1 TL Vanillezucker
1 EL Matcha-Pulver
2 EL Milch
1 EL Kakaopulver (ungesüßt)

Dieser Kuchen ist nicht nur ein Eyecatcher, sondern auch ein prima Helfer, wenn das nächste Nachmittagstief anklopft. Denn neben Kakao und Vanille enthält er leuchtend grünes Matcha-Pulver. Der koffeinhaltige Muntermacher ist mittlerweile in unterschiedlichen Qualitätsgraden erhältlich: Wer ihn pur trinken möchte, sollte sich ein edles Pülverchen besorgen, zum Backen reicht aber auch durchaus eine günstigere Variante.

Den Backofen auf 175°C vorheizen. Die Kastenform fetten und mit Mehl bestäuben.

Das Mehl mit Mandeln, Backpulver und Meersalz vermischen und beiseitestellen. Die Butter mit dem Zucker 3 Min. cremig rühren. Die Eier einzeln zugeben und jeweils 1 Min. unterrühren. Zitronenabrieb und Mehlmischung zugeben und alles kurz zu einem glatten Teig verarbeiten.

Ein Drittel des Teiges abnehmen und mit dem Vanillezucker vermischen. Ein weiteres Drittel abnehmen und mit dem Matcha-Pulver und 1 EL Milch verrühren. Das letzte Drittel mit dem Kakaopulver und 1 EL Milch vermengen.

Die Teige übereinander in die Backform schichten und mit einer Gabel spiralförmig marmorieren. In ca. 40 Min. goldbraun backen. Auf einem Kuchengitter abkühlen lassen.

HIMBEER-SCHOKO-CHEESECAKE

ZUBEREITUNG: 30 MIN.
+ 3 STD. KÜHLEN

FÜR 1 SPRINGFORM (Ø CA. 20 CM)

Für den Boden
125 g Oreokekse
1 EL Kakaopulver
40 g weiche Butter

Für den Belag
300 g Frischkäse
60 g Puderzucker
1 EL Zitronensaft
1 TL Bourbon-Vanillezucker
200 ml Sahne
2 TL Himbeersirup nach Belieben
125 g Himbeeren
Ca. 3 TL Himbeerkonfitüre ohne Kerne

Heute bleibt der Ofen aus, denn dieser unglaublich leckere Dessertkuchen braucht ausschließlich Liebe, Zeit und kühle Temperaturen. Der herrlich sahnige Frischkäse ergänzt das fruchtige Aroma der reifen Himbeeren, und in Kombination mit dem süßen Schokoladenboden ist dieser Cheesecake ein wahres Fest für jeden Genießer!

Für den Boden die Kekse im Blitzhacker oder im Mörser fein zerkleinern und mit dem Kakaopulver mischen. Mit der Butter in eine Schüssel geben und zu einer krümeligen Masse verkneten. Die Masse in eine Springform füllen und mit den Fingern fest andrücken. Kalt stellen.

Für den Belag den Frischkäse mit Puderzucker, Zitronensaft und Vanillezucker cremig rühren. Die Sahne steif schlagen und unter die Frischkäsemischung heben. Nach Belieben Himbeersirup unterrühren. Die Hälfte der Masse auf den Keksboden streichen und die Himbeeren gleichmäßig darauf verteilen. Den Rest der Creme daraufgeben und glatt streichen.

Die Himbeerkonfitüre leicht erwärmen, damit sie flüssiger ist, anschließend in Tropfen auf den Kuchen träufeln. Die Oberfläche mit einem Holzstäbchen in geschwungenen Linien durchziehen. Den Kuchen für mind. 3 Std. kalt stellen und mit einem angefeuchteten Messer anschneiden.

AVOCADO-BANANEN-BROT

ZUBEREITUNG: 30 MIN.
+ 35 MIN. BACKEN

FÜR 1 KASTENFORM (21 X 11 CM)

Für den Teig

130 g Mehl
½ TL Backpulver
½ TL Natron
1 Prise Meersalz
50 g Walnusskerne, grob gehackt
50 g Zartbitterschokolade, grob
   gehackt
1 kleine Avocado, entkernt und
   geschält
½ sehr reife Banane
1 EL Joghurt
50 g weiche Butter
100 g Rohrohrzucker
Mark von ½ Vanilleschote
1 Ei

Für die Streusel

50 g Mehl
40 g brauner Zucker
25 g kernige Haferflocken
½ TL Zimt
1 Prise Meersalz
35 g Walnusskerne, fein gehackt
50 g weiche Butter

Mit diesem Brot kann man entspannt in den Tag starten: Mit Streuseln bedeckt und im Ofen gebacken, lässt sich das leckere Frühstücksbrot auch rasch schon am Vortag zubereiten. So einfach kann gesund sein!

Für die Streusel alle Zutaten bis auf die Butter in einer Schüssel mischen. Die Butter zugeben und alles zu Streuseln verarbeiten. Abgedeckt in den Kühlschrank stellen.

Den Backofen auf 175 °C vorheizen und die Kastenform mit Backpapier auskleiden.

In einer Schüssel das Mehl mit Backpulver, Natron und Salz mischen. Die Walnüsse und die Schokolade unterrühren.

Das Avocadofruchtfleisch mit der Banane und dem Joghurt in einem hohen Becher mit dem Stabmixer cremig pürieren und beiseitestellen.

Die Butter mit dem Zucker in eine Schüssel geben und ca. 2 Min. verrühren. Vanillemark und Ei zugeben und die Masse weitere 2 Min. rühren. Die Avocadocreme gründlich untermischen. Zum Schluss die Mehlmischung unterheben (nur sehr kurz rühren!). Den Teig in die Form füllen und die Streusel darauf verteilen. Das Brot in ca. 35 Min. goldbraun backen.

TIPP

Für dieses Rezept muss die Avocado richtig schön reif sein, denn sonst schmeckt das Brot bitter. Am besten das Fruchtfleisch vorher probieren.

MÖHREN-CHEESECAKE-MUFFINS

ZUBEREITUNG: 30 MIN.
+ 20 MIN. BACKEN

FÜR 12 STÜCK

Für den Teig

100 g Mehl

100 g gemahlene Mandeln

1 TL Weinstein-Backpulver

½ TL Zimt

Je ¼ TL gemahlener Kardamom
und Ingwer

¼ TL Natron

1 Prise Meersalz

150 g Möhren, fein gerieben

50 g Walnusskerne, fein gehackt

2 Stück kandierter Ingwer, fein gehackt

1 Stück frischer Ingwer (ca. 1 cm),
fein gerieben

Abrieb von ½ Bio-Orange

2 Eier

100 g Rohrohrzucker

2 EL Ahornsirup

50 ml Kokosöl, zerlassen

Für die Füllung

100 g zimmerwarmer Frischkäse

25 g Puderzucker

½ TL Zitronensaft

Für den Guss

50 g Puderzucker

2 TL Frischkäse

1 TL Orangensaft

Wenn Möhrenkuchen und Cheesecake eine Liaison eingehen, bleiben keine Wünsche offen!

Den Backofen auf 180 °C vorheizen und die Mulden einer Muffinform mit Papierförmchen auskleiden. Für die Cheesecake-Füllung alle Zutaten glatt rühren.

In einer Schüssel das Mehl mit Mandeln, Backpulver, Zimt, Kardamom, Ingwer, Natron und Salz mischen.

In einer zweiten Schüssel die Möhren mit Walnüssen, kandiertem und frischem Ingwer und Orangenabrieb vermengen.

Die Eier mit dem Zucker ca. 3 Min. cremig rühren. Den Ahornsirup und das Öl unterrühren. Mit einem Holzlöffel zunächst die Mehlmischung unterheben, anschließend die Möhrenmischung.

Die Muffinförmchen zur Hälfte mit Teig füllen, das geht sehr gut mit einem Eiskugelportionierer. Jeweils ca. 1 TL Füllung in die Mitte geben und mit Teig bedecken. Die Küchlein in ca. 20 Min. goldbraun backen (Stäbchenprobe!) und auf einem Kuchengitter auskühlen lassen.

Für den Guss alle Zutaten glatt rühren. Die Küchlein damit beträufeln und nach Belieben mit kandiertem Ingwer bestreuen.

SO SCHMECKT'S AUCH

Man kann statt kleiner Küchlein den Teig auch in einer Kastenform (ca. 20 x 11 cm) backen. Dafür die Form mit Backpapier auskleiden und die Hälfte des Möhrenteiges hineingeben. Die Cheesecake-Füllung in die Mitte streichen. Mit dem restlichen Teig bedecken und in ca. 40 Min. goldbraun backen.

TOMATENPESTO

FÜR 4 PORTIONEN

1 EL Pinienkerne

1 EL Kapern

100 g getrocknete Tomaten in Öl

2 Knoblauchzehen, fein gehackt

1 Zweig Thymian, Blättchen
abgezupft

50 ml Olivenöl + etwas zum Bedecken

50 g geriebener Parmesan

1 Prise Chilipulver

Die Pinienkerne in einer kleinen Pfanne ohne Fett rösten. Die Kapern abspülen. Pinienkerne, Kapern, Tomaten, Knoblauch, Thymian, Öl, Parmesan und Chilipulver pürieren.

Das Pesto zum Aufbewahren in ein sterilisiertes Glas füllen und mit einer Ölschicht bedecken. Mit Pasta servieren, dabei 4 EL Nudelwasser unter das Pesto rühren.

GRÜNE CURRYPASTE

FÜR 4 PORTIONEN

2 Stängel Zitronengras

4 Kaffirlimettenblätter,
harte Mittelrispe entfernt

½ Bd. Koriander, grob gehackt

1 Stück Ingwer (ca. 2 cm), geschält
und grob gehackt

5 grüne Chilischoten, entkernt
und grob gehackt

4 Schalotten, grob gehackt

3 Knoblauchzehen, grob gehackt

½ TL Koriandersamen

½ TL Kreuzkümmelsamen

80 ml Kokosöl

2 TL Salz

Die äußeren Blätter vom Zitronengras entfernen. Den hellen Teil in feine Ringe schneiden, den oberen hartfaserigen Teil nicht verwenden (er kann zum Aromatisieren von Suppen oder für Tee benutzt werden). Zitronengras, Limettenblätter, Koriander, Ingwer, Chilischoten, Schalotten und Knoblauch mit 125 ml Wasser in einem Mixer cremig pürieren.

Die Koriander- und die Kreuzkümmelsamen in einer kleinen Pfanne ohne Fett anrösten. In einem Mörser fein mahlen und in den Mixer geben. Die Masse kurz durchmixen.

Das Kokosöl in einer Pfanne erhitzen und die Paste darin 3—5 Min. anbraten, bis es duftet. Das Salz unterrühren. Die Paste in ein sauberes Glas füllen, abkühlen lassen und im Kühlschrank aufbewahren.

GRANOLA

FÜR 8 PORTIONEN

50 g Rosinen

50 g Cranberrys

300 g kernige Haferflocken

Je 100 g Mandeln und Cashewkerne

Je 50 g Sonnenblumen- und
   Kürbiskerne

1 EL Sesamsamen

100 ml zerlassenes Kokosöl

80 ml Ahornsirup

Je 1 TL Zimt und Vanille-Extrakt

½ TL Meersalz

Je 50 g getrocknete Feigen und
   Aprikosen, grob gehackt

Rosinen und Cranberrys 10 Min. in warmem Wasser einweichen. Den Backofen auf 150 °C vorheizen.

Haferflocken, Mandeln, Cashew-, Sonnenblumen- und Kürbiskerne sowie den Sesam in eine Schüssel geben. In einem Schälchen das Kokosöl mit Ahornsirup, Zimt, Vanille-Extrakt und Salz verquirlen. Zu der Haferflockenmischung gießen und alles gut vermischen. Rosinen und Cranberrys abgießen und unterheben. Das Müsli auf einem mit Backpapier belegten Blech verteilen. In 30 – 40 Min. goldbraun backen. Dabei alle 10 Min. durchmischen und einmal das Blech wenden. In den letzten 10 Min. gut im Auge behalten, das Granola wird am Ende schnell dunkel! Aus dem Ofen nehmen, Aprikosen und Feigen untermischen und alles vollständig abkühlen lassen. Damit es schön knusprig bleibt, das Granola in Schraubgläsern aufbewahren.

TRIPLE CHOC COOKIES

FÜR 16 COOKIES

150 g Mehl

25 g Kakaopulver

1 gestr. TL Natron

½ TL Salz

125 g + 100 g Zartbitterschokolade
   (mind. 60 %), grob gehackt

125 g weiche Butter

70 g Zucker

50 g brauner Zucker

1 EL Zuckerrübensirup

1 TL Bourbon-Vanillezucker

1 Ei

100 g weiße Schokolade, grob gehackt

In einer Schüssel Mehl, Kakao, Natron und Salz vermischen. 125 g Zartbitterschokolade über dem Wasserbad schmelzen und lauwarm abkühlen lassen.

In einer Rührschüssel die Butter mit beiden Zuckersorten, Sirup und Vanillezucker 3 Min. luftig aufschlagen. Das Ei zugeben und weitere 3 Min. schlagen. Die geschmolzene Schokolade untermischen. Mit einem Holzlöffel die Mehlmischung unterheben, dabei nicht allzu stark rühren. Die restliche Zartbitterschokolade und die weiße Schokolade untermischen. Den Teig 30 Min. kalt stellen. Den Backofen auf 180 °C vorheizen. Mit einem Eisportionierer Teig abstechen und mit gutem Abstand zueinander auf ein mit Backpapier belegtes Blech setzen. Ca. 11 Min. backen. Aus dem Ofen nehmen und auf dem Blech abkühlen lassen.

REGISTER

AGNES PRUS

Agnes Prus hat Kunstgeschichte studiert und anschließend ihr Glück in der Küche gefunden. Seit sie nicht mehr für Cafébesucher backt und kocht, experimentiert sie am eigenen Herd. Saisonale Zutaten, viele Gewürze und frische Kräuter sind die Hauptakteure ihrer Rezepte, die sie mit viel Kreativität und kulinarischer Entdeckerfreude entwickelt. Sie lebt mit ihren liebsten Testessern, ihrem Mann und zwei Kindern, in Köln.

DANKE

Vielen Dank, liebe Franzi, dass du dich für dieses Projekt begeistert hast. Es macht Spaß, mit dir zusammenzuarbeiten!
Frauke, danke dir für die schönen Fotos und für die immer unkomplizierte, angenehme Zusammenarbeit.
Danke an die Agentur Nieschlag+Wentrup für die tolle Gestaltung dieses Buches.
Ein Riesendankeschön an meine Mutter und meine Schwester für das geduldige Rezeptetesten und das konstruktive Feedback, ihr seid so cool! Buźka!
Der größte Dank gilt meinem Mann. Dein Enthusiasmus, dein Zuspruch und die Offenheit, mit der du dich auf alles Kredenzte einlässt, sind mir ein Beispiel. Du bist der Beste. Für dich koche ich am liebsten.

IMPRESSUM

FSC
www.fsc.org
MIX
Aus verantwortungs-
vollen Quellen
FSC® C022120

5 4 3 2 1 22 21 20 19 18
ISBN 978-3-88117-170-0

Fotografie: Frauke Antholz
Redaktion: Franziska Grünewald
Gestaltung und Satz: Kristina Ballerstaedt, Nieschlag + Wentrup
www.nieschlag-und-wentrup.de
Litho: FSM Premedia

© 2018 Hölker Verlag in der Coppenrath Verlag GmbH & Co. KG
Hafenweg 30, 48155 Münster, Germany
Alle Rechte vorbehalten, auch auszugsweise

www.hoelker-verlag.de